广告的游戏

[加] 保罗·罗斯福——著
薛玮——译

哈尔滨出版社
HARBIN PUBLISHING HOUSE

黑版贸登字 08-2021-007 号

图书在版编目（CIP）数据

广告的游戏 / (加) 保罗·罗斯福(Paul Rutherford) 著. — 哈尔滨 : 哈尔滨出版社, 2021.12
ISBN 978-7-5484-6088-6

Ⅰ.①广… Ⅱ.①保… ②蒋… Ⅲ.①广告业—产业发展—研究 Ⅳ.①F713.8

中国版本图书馆CIP数据核字(2021)第109950号

书　　名：广告的游戏
GUANGGAO DE YOUXI

作　　者：[加]保罗·罗斯福　著
译　　者：蒋　玮
责任编辑：尉晓敏　孙　迪
责任审校：李　战
版式设计：梁　霞
封面设计：尚燕平

出版发行：哈尔滨出版社（Harbin Publishing House）
社　　址：哈尔滨市香坊区泰山路82-9号　　邮编：150090
经　　销：全国新华书店
印　　刷：天津丰富彩艺印刷有限公司
网　　址：www.hrbcbs.com　www.mifengniao.com
E-mail：hrbcbs@yeah.net
编辑版权热线：（0451）87900271 87900272
销售热线：（0451）87900202 87900203

开　　本：880mm×1230mm　1/32　　印张：7.5　　字数：154千字
版　　次：2021年12月第1版
印　　次：2021年12月第1次印刷
书　　号：ISBN 978-7-5484-6088-6
定　　价：59.80元

凡购本社图书发现印装错误，请与本社印制部联系调换。服务热线：（0451）87900279

c o n t e n t s

目 录

第三部分
黄金时代

第四部分
反弹

c o n t e n t s

第五部分
新篇章

第六部分

一切都是一场秀

前言

作为2007—2008年度最受欢迎的美剧之一，《广告狂人》（*Mad Men*）因生动地刻画了20世纪60年代纽约一家广告公司——斯特林·库伯广告公司所处的时代及其变革，获奖无数。整部剧充斥着香烟、酒精、男欢女爱，各路人物尔虞我诈，互争雄长。唐·德雷珀（Don Draper），斯特林·库伯广告公司的创意总监，事业有成，前途可期，一次又一次地证实了自己对时尚潮流类广告的超强驾驭力。

《广告狂人》系列受到了观众的追捧，许多国家也陆续播出了这部剧。“广告狂人”这个词成了男子气概的代名词，象征着自信和果敢，又象征着压抑和反叛。市场调查机构心态媒体（Mindset Media）的数据表明，这部剧对新贵阶层特别有吸引力，他们思想开放、不断求知，却不太务实，愿意把钱花在高端电子产品和汽车上。很快，学术界也加入了对这部剧的讨论中。杜克大学举办了名为“广告狂人的真实境遇”的研讨会；布莱克威尔出版公司所出版的哲学与大众文化系列书籍中，有一本是专门评述《广告狂人》的，书中指出，当今的美国人正陷入无可救药的自恋中，而剧中人物正是这种自恋情结的象征。2015年，《广告狂人》已经播到了第七季，虽然尚未终结，却已经比肩《欲望都市》（*Sex and the City*）、《黑道家族》（*The Sopranos*）、《绝命毒师》（*Breaking Bad*），成为21世纪早期极具影响力的重磅之作。

这部电视剧体现了这样一个主题：广告是一种艺术，广告人是社会精英。同时，我们从主角的身上，也看到了他面临的困境——我称之为“广告人的困境”。广告人的困境，其核心就是由夸大甚至欺骗所导致的道德两难的境地。广告是一种信息，是宣传的一种独特形式，其目的是将某产品、服务、产业、公共事业或者某个人推销出去（有时候也是为了打击、贬损对手）。现在人们越来越倾向于把广告广义地定义为艺术、信息、娱乐与传播的混合体，这个混合体在不断变化，它会根据时间、品牌以及消息的来源而变化。如果广告像有些人认为的那样，仅仅是谎言与欺骗的载体，那么它绝不会那样吸引人，很可能也不会那样有效。在天花乱坠的广告中成长起来的消费者，对广告持半信半疑的态度，他们清楚，广告包含很多虚假信息。广告人最终成了一种事实存在，而非法律存在，他们是被许可的欺骗者，他们可以违背说真话的法则。

但很多时候，广告人的困境并没有得到承认。无疑，就像有些观点所说的那样，广告是“创新者”“文明的播种者”“生产业工业的引擎”“商人的同盟”以及“消费者之友”，而广告人是文化英雄，甚至是激进分子、反叛者，也是为之卖力的体系的牺牲品。广告人就像变色龙，在不同作品中的角色也不同，会根据环境的改变而改变。

社会性对话中有关广告人及广告的叙事不尽相同。本书主要从六个方向论述，按照行文顺序，分别是：尴尬的开场、崛起、黄金时代、反弹、新篇章和一切都是一场秀。我所说的论述是指某段时间内发生的一系列相关联事件，它们有因有果，有始有终。每种论述观点都将影响读者对广告和广告人的解读，因此这些论述具有公开性和道德性。本书论述案例均选自公开的资源，例如，有关广告与广告人的书籍、电影、戏剧。

笔者将本书定位为文化史，它关注的不只是真实存在过的广告人，还包括活跃于文学作品、影视作品中的广告人物，他们同样真实。文化史讲述的正是这些具有社会代表意义的人物的故事，他们的行为牵动了公众的视线，也让公众烦恼不安。文化史有三个独立又有关联的维度。首先，文化史必须注意到形式，即哪些是社会所许可的，电影或回忆录有哪些套路，比如，好莱坞电影经常会采用爱情喜剧的形式来刻画广告人。其次，它必须把人物看作道德的存在，要关注其道德水平、生活方式、挫败与成功。只有这样，人物才能体现出多方面的角力，比如，广告人的拥护者力图赋予这个职业意义与价值。第三，人物对社会产生了怎样的影响，各方的看法不一，有人以为好，有人以为坏，文化史必须对其影响进行探讨，分析广告人如何组织权力与快感的游戏。这也是为什么本书花了相当大的篇幅介绍广告业人士以及评论家对广告的看法。你会发现，公众对广告人的看法存在反差与矛盾，这是由谎言与真实的对立所造成的。

下面我们来看看《广告狂人》的开场片段。通常片头的目的无非是向观众展示制作者和演员名单，但这部电视剧的片头却能让观众窥探到广告人奇特的生活，它用影像刻画出了马克思所说的现代化社会中人的命运。片头中没有任何画外音，背景音乐是《美好的我》（*A Beautiful Mine*），旋律重复而单调，一直在耳畔萦绕。一个男人的身影，应该就是唐·德雷珀，走进了摩天大楼中的办公室，他的黑色套装象征着当代中产男性的权威与声望。但这间办公室转瞬就开始崩塌，公文包、墙上的画、百叶窗、桌子椅子，统统都滑落到地面。接着，场景切换，一个从高空坠落的男人，他双臂伸展开，从鳞次栉比的摩天大楼中往下跌落，摩天大楼的外墙上布满了令人眼花缭乱的广告，这些广告宣扬爱情和家庭，也宣扬放纵与玩乐，他和其他广告人正是用这些噱头来引诱消费者。他的坠落是否说明了广告的空虚与虚幻，还是代表着无处不在的拟像的巨大力量？也许，坠落象征的是逃跑，或者说迫切想逃离的欲望。这个主题在《广告狂人》中反复出现，很多次德雷珀都想逃离自己的工作和生活，这说明他陷入了广告人的困境。但坠落的一刹那，似乎暗示着德雷珀将跌入万劫不复的深渊，无法控制或阻挡自己的命运。镜头继续切换，一名男子气定神闲地坐在沙发上，抽着烟，自信满满，一副居高临下的派头，他的目光落在一片空无一物的屏幕上，似乎正在思忖怎么用极具诱惑力的图像把屏幕填满。德雷珀好像又找回了控制权……他难道不是当代的英雄，一个最终能压制住怒火，掌控周遭世界和个人命运的人物吗？

01 PART

第一部分 尴尬的开场

“我是给人做广告的。”罗德先生极力向推销员描述广告在商业中如何重要，声称未来它必然是关键角色。

“你是做广告的！”见多识广的推销员毫不掩饰心中的不屑，大声反驳道。

“得了吧，又不是什么体面的行当！没人会真的在乎广告。想知道为什么？因为你们这些家伙不比迈克·麦克唐纳或者阿尔·汉金斯（两人均为芝加哥臭名昭著的赌徒）好到哪里去。”

——19世纪80年代的一则趣事

长久以来，游说行业的从业者们，无论男女，都有着一个共同的绰号——江湖骗子。这说明人们从开始就认为这个行业充斥着谎言和欺骗，并且这样的看法一直持续至今。江湖骗子有一些共性：他们多半唯利是图，擅长大肆渲染，经常主动出击，最终目标就是要把粗制滥造的产品销售出去。为何广告人会有这样难听的绰号？原因可以追溯到广告业的起源和早期宣传制度的发展状况上来。第一位广告业的游说者——菲尼亚斯·泰勒·巴纳姆（Phineas Taylor Barnum），以及他的继承者，也就是声名狼藉的专利药大亨们，他们都是买卖人，是出售产品以牟利的商人，他们借助广告宣传，把产品直接卖给广大消费者。1880年之前的广告商通常只是在报纸上买一块版面，投放平淡又乏味的广告，而商人就不同了，他们大获成功，极大地满足了公众的好奇心。事实上，这些“江湖骗子”是广告业的先驱人物，很多现代广告业的技巧，比如，理性诉求式广告、情感诉求式广告、故事性广告、煽动性广告，甚至带有情色意味的广告， 都是由他们首创的。但同时，他们也背负着世人的谴责，世人认为他们四处招摇撞骗，无辜又可怜的群众就是他们垂涎的猎物。他们的成功引发了人们对于现代性的道德思考，或者说至少是对于美国现代性的思考。20世纪的头30年，美国涌现出一批刻画广告人的小说，这些小说固化了人们的刻板印象——广告人就是流氓无赖、江湖骗子。广告人的名声就这样传开了。1910年之后，无论广告从业者多么努力地试图摆脱有色眼镜，赢得尊重，都无济于事，那已经成了无法抹去的污点。

1. 污点的起源

> 美国才是广告人真正的栖身之处，它是被选中的欺骗之地，无论什么样的江湖骗子都能飞黄腾达。

“但凡读者们对这本无耻至极的书有那么一丁点兴趣，能勉强读下去，多半会觉得它是出版史上最无法无天的骗局。它不仅没有给读者带来任何启发，而且书中所讲述的各种各样的欺诈手段让人心生厌恶，那些骗子厚颜无耻到令人瞠目结舌的地步，假仁假义和道德观念的扭曲使人深恶痛绝，同时让人对可怜的作者抱以深深的悲悯。”英国刊物《布莱克伍德爱丁堡杂志》（*Blackwood's Edinburgh Magazine*）的一位匿名书评人如此评价。如此鲜明的憎恶之情，正是由《P.T.巴纳姆的一生》（*The Life of P.T.Barnum*）一书触发的，它是那个年代最为轰动的书之一，是声名狼藉的美国马戏团老板菲尼亚斯·泰勒·巴纳姆（Phineas Taylor Barnum）的自传。这本书一出版就被大肆炒作，而对其持否定态度的杂志，并非只有《布莱克伍德爱丁堡杂志》一家。这位“积习难改的无赖”把自己的传奇故事硬塞给美国人和英国人，他如此大言不惭，着实让很多书评人——尤其是英国和美国的书评人——目瞪口呆。

广告人的困境最先是伴随着菲尼亚斯·泰勒·巴纳姆的自传出现的。巴纳姆是19世纪美国知名的马戏团老板，作为马戏团的总指挥以及美国大众娱乐品牌的主要缔造者，他的业绩有目共睹。与巴纳姆同时代的人一定会被他的人生故事所吸引，直到今天，他的冒险精神和惊世骇俗之举，仍然让通俗作家和学者们着迷。观察家们很容易就能想象出，如果巴纳姆活在当今的美国，他会是一个怎样的角色——八卦节目的策划大师。

巴纳姆不仅仅是马戏团的经理人，他也被赞誉为（有时被指责为）19世纪“最高明的江湖骗子”，他的确对得起这个称号。巴纳姆可以迅速地把自己的产品推销出去，也正因为这项技能，他成了传奇人物。在巴纳姆所生活的年代，他是出名的“骗术王子”（这个称呼是他自己发明的），去世时，他被法国的报纸封为“广告大帝”，后世则把他看作“广告界的莎士比亚”——杰里·德拉·费米纳（Jerry Della Femina）这样评价的。杰里·德拉·费米纳是20世纪晚期广告创意的领军人物之一，他对巴纳姆卓越的宣传能力和广告开拓法非常赞赏，他认为，即使放到今天，巴纳姆也可以传授一两招给当代的广告人。这也难怪，巴纳姆名下的各个企业总是在大张旗鼓地宣传，极尽渲染之能事，广告来回重复且随处可见，人们自然会被他的演出所吸引，从而产生轰动效应。胡编乱造、杜撰展品的来龙去脉，这些对他来说易如反掌。巴纳姆是现代美国广告人的首个具象，他的做法及其思想，引发了关于广告人文化形象的第一波社会讨论浪潮。直至今日，他的名字仍然是

“欺世盗名”的同义词。巴纳姆遭遇了一些不满和非议，这些言论就像一片阴霾，永远笼罩着广告人。

巴纳姆有着辉煌的职业生涯，他的人生充满了各种各样的冒险、骗局和噱头——当然，偶尔也有灾难。19世纪30年代中期，乔伊斯·赫斯（Joice Heth）让巴纳姆声名在外，他甚至还搞了一个巡回展出，声称老妇赫斯已经达到161岁高龄，还曾经是美国国父乔治·华盛顿的奶妈。1841年，他买下了纽约的一座博物馆，并在里面放置了让人眼花缭乱的奇珍异物，供公众参观和猎奇。巴纳姆擅长发掘怪异离奇的人和与众不同的身体，并用天花乱坠的广告进行宣传，他的展览中不仅有巨人、胖子、长胡子的女人，还有恩（Eng）和昌（Chang）——远近闻名的“暹罗双胞胎”（Siamese Twins）。不过最先引起轰动的是“斐济美人鱼”（Feejee Mermaid），这个美人鱼是用猴子的头和鱼的身体拼凑缝合而成的，极为丑陋，但在宣传时用的却是美丽的美人鱼的图片，真可谓胡编乱造，结果却有无数人为之埋单。没过多久，他又在各地巡回展出了“大拇指将军汤姆”，汤姆本来是个儿童侏儒，巴纳姆训练他，让他扮演了许多妄自尊大的成年男性角色，最后还去了英国（专门给维多利亚女王准备了特殊节目）以及西欧其他国家巡演。1850年，巴纳姆将“瑞典夜莺”珍妮·林德（Jenny Lind）带到美国，去各地演唱，这让他赢得了社会赞誉，也着实发了一笔小财。巴纳姆在前期宣传中不仅称她是伟大的歌剧演唱家（原本林德在美国鲜为人知），还把她打造成百依百顺的女性的范本。尽管1856年的一次风险投机几乎让他血本无归（有批评者认为这就是“现世报”），但苦心的经营和忙碌的巡演很快就帮他挣回了不少钱。不幸的是，由巴纳姆扩建的博物馆被大火烧毁。1868年，博物馆再次失火，巴纳姆只好短期歇业。巴纳姆与“火”似乎犯冲：火灾让巴纳姆的日子很不好过，他自己富丽堂皇的私人宅邸，又名“骗子宫殿”，于1857年被大火烧成灰烬；1872年，马戏团的演出场所竞技剧院也未能幸免。

巴纳姆是个闲不下来的人。他精力充沛，至少他自己后来是这么说的。从19世纪70年代初一直到去世，他重回大众娱乐业，组织大马戏团在世界各地巡回演出（20年前他就这么干过，带着各种珍奇动物巡回各地），他还夸下海口，声称这是“地球上最伟大的表演”。他和合伙人一起，把马戏变成了令人震撼的宏大场面：不仅有精彩纷呈的表演，还首创了三块场地同时演出的形式，为公众呈现来自世界各地的奇人异物；他们还充分利用快捷的铁路，让马戏团迅速辗转于各地，一时间马戏团的表演成了全国瞩目的盛事。巴纳姆去世后，身后不仅留下巨额遗产，还得到了世人的尊重，有些人认为他是英雄，也有很多人把他看作是“小朋友的好伙伴”。

要是他在天有灵，能听到那么多溢美之词，一定会高兴坏了。终其一生，巴纳姆非常在意自己的名声，甚至有点走火入魔。演说也好，写书也好，巴纳姆关心的东西很多：赚钱、美利坚的荣光……他甚至还出版过一本儿童书，但他谈论最多的还是自己。1841年，巴纳姆在纽约的一份报纸上，通过连载的方式，首次吐露了自己的想法：那是一部鼓吹乔伊斯·赫斯的半虚构作品，名为《冒险者奇遇记》，署名为“骗子巴纳比”，大约15年过后，巴纳姆名声大噪，他出版了第一本严格意义上的自传，《P.T.巴纳姆的一生》，希冀能收获名望，被永远地载入史册。遗憾的是，他的如意算盘落空了。于是在1869年，他写了一部更长的自传——《奋斗和胜利：P.T.巴纳姆的40年往事》（*Struggles and Triumphs:Forty Years's Recollections of P.T.Barnum*），在这部自传中，他对自己的早年经历做了大幅改动，并且添加了很多新的素材，希望能博得大众的喜爱。但事情到这里并没有结束。从那以后，他会定期在前作的基础上添加新的内容，不断再版，以至后来只要人们去看马戏，就能免费领取一本。1899年，就在去世之前，巴纳姆还修订了《奋斗和胜利》，最终版本涵盖了他60年的职业生涯。据估计，在19世纪晚期，约有超过100万本不同版本的《奋斗和胜利》在美国各地传阅，按照某些说法，它是那个年代销量仅次于《圣经新约》的书。

最有趣的是，在《P.T.巴纳姆的一生》中，巴纳姆的言论和批评者的见解相映成趣。事实上，这本书出版后所激起的轩然大波，包括社会的关注、报界的评论等，是巴纳姆其他作品无法比拟的。那时的巴纳姆春风得意，虽然只有45岁，却已经志得意满，声名在外，并且衣食无忧。但巴纳姆的野心绝不止于利用现有的名声渔利，而是要让更多的美国人知道自己。于是他不遗余力地为自己的独家“新产品”宣传造势。他放话给各家报纸的编辑，新的自传马上就要大功告成了。《P.T.巴纳姆的一生》于1854年12月中旬出版（尽管书里标注的是1855年），旋即，称这本书为“奇迹之书”的溢美之词就见于各路报纸：“别管书评人怎么说，人们一定会喜欢这本书的。”“它就像狂风暴雨般一扫而过。”还有人称：“从机修工到百万富翁，人手一本。”

既然是自传，那么它的正当性应当是基于某种契约——作者要开诚布公，确保内容的真实性，读者既然买了这本书，读到的应当是作者基于事实所写的真实的故事。巴纳姆是个声名在外的江湖骗子，所以，对他来说，这是一个棘手的问题。一个自称是“骗术王子”的人，如何能获得大家的信任？巴纳姆在简短的前言部分信誓旦旦，称书中的内容是关于他自己的冒险和创业经历的真实历史，绝无半句谎言。大家本以为这本书不过就是奇闻趣事掺杂点真人真事，再加上忏悔的大杂烩，有些读者或许还觉得巴纳姆着实是个蠢货。结果呢，铺天盖地的宣传为巴纳姆的宣言涂脂抹粉，而报界则佯装成了不偏不倚的权威。《罗切斯特民主党人和纪事报》的广告词这么说道：“骗术天才对读者敞开心扉。”还有，《罗马伊克萨斯报》称：“想要更多的乐趣，想要单纯的开心，这本书里都有。”更荒唐可笑的还在后面，《尤蒂卡先驱报》热情地赞叹道：“它能让读者洞悉世事。”这是一本不折不扣的成功手册，与其给一个年轻人5，000美元，帮他暂时渡过难关，让他免于颠沛流离，不用为一日三餐发愁，还不如给他这本书，至少《奥尔巴尼荷兰裔报》是这么认为的，它宣称："这本书不仅能帮助生意人，让他有冲劲，有闯劲；还能开拓视野，书中的商业建议既切合实际，又无懈可击，能帮助经商者在短期内赚得大笔利润，巴纳姆的自传是本了不起的著作。"

最后拿到书的读者们傻眼了，400页的奇闻逸事，东拉西扯，自吹自擂，五花八门的箴言，加上忏悔和辩护，统统都按照时间顺序组织到一起。从他的成长经历、他的奋斗和挫败，写到他如何有了自己的马戏团，最后声名远扬。整本书的语气就如同朋友的口吻，娓娓道来，爽快干脆，直截了当，看起来真心实意，但通篇没多少内疚、忏悔的意思，反倒夹杂着幸灾乐祸之情。演出经理人的职责就是要娱乐大家——这个思路贯穿故事的始终，尤其是在自传的前半部分。谈及自己的动机、焦虑、失败以及成功，巴纳姆貌似坦诚，但自传的重心，理所当然的，是他的公众生活。他的确对自己的骗术做了些许解释，使得读者们竟对这些伎俩有了几分赞赏之意。他甚至还说到自己也被人骗过，并详细描述了事件的来龙去脉。这本书的献词非同寻常："谨以此书献给世界北方佬[1]的国度，很骄傲我也是其中一员。"但那会儿"北方佬"的国度并不存在。"北方佬"是个地域性的概念，专指美国北部州的居民，特别是新英格兰地区的居民。假如是市场营销

1　在美国，"北方佬"指的是新英格兰和北部一些州的美国人。

策略，这样的献词势必激怒南方各州的美国人，这么多年来，他们为了政治的支配权与“北方佬”一直在明争暗斗。巴纳姆想成为什么样的角色，从这句献词中可窥见一斑：他不仅精力充沛、踌躇满志、富于创新精神、自我中心，并且精明能干、坦率务实、足智多谋（通常美国人认为以上特点是新英格兰地区人的特点，译者注）。与其说他道德败坏，倒不如说他不愿意受道德准则的约束。为了谋利，一刻也不停息，巴纳姆是一个彻头彻尾的现代人，与传统和历史背道而驰。

通过研究，有些学者认为，巴纳姆写的实际上是一部反自传，是对本杰明·富兰克林的拙劣模仿，富兰克林的自传可是那个年代的金科玉律。《P.T.巴纳姆的一生》就是博物馆的文字版，书中所讲述的故事，离不开展馆中的奇珍异物以及滑稽可笑的展品。也有学者认为，这本书虽然展现的是巴纳姆这位白手起家的成功人士的传奇故事，但效果却适得其反，是对他和刚刚崛起的大众文化的嘲讽。还有位学者认为，巴纳姆所有的自传作品，包括《P.T.巴纳姆的一生》，模糊了骗局和真实之间的界限，在讽刺的同时却又赢得了尊重，揭露了所谓的美国梦，本质上就是一场巨大的骗局。但也有位学者谈到了“自传式的假面舞会”“伪装的自我”和“虚假的真实”，认为自传的内容在“欺骗”与“真相”之间不断切换，赋予了这本书后现代主义色彩！

巴纳姆并未打算拙劣地模仿本杰明·富兰克林，就算有，也绝不是他的初衷。他在书中对自我奋斗的理念以及那个年代独立自我的观念大加赞美，称赞那些有必胜的决心、有行动的勇气以及不畏艰难困苦的人。书中所描述的是一个自我奋斗、白手起家的励志故事。而作者自己俨然是一个真相的讲述者，丝毫没有掺假的成分。笔者以为，作者本意是想说些实话的，但因为无法调和两种截然矛盾的生活方式，因此这个初衷并未达成。矛盾的特性无疑反映出美国内战前夕的社会状况。书中所呈现的时代宛若一个竞技场，“狂欢荒诞”与“维多利亚式”的价值观争夺霸主地位。

最早提出“狂欢荒诞”之说的是米哈伊尔·巴赫金（Mikhail Bakhtin），“狂欢荒诞”充斥着嬉笑怒骂、荒诞不经、反向与叛逆以及低级的口腹之欲，与正常或者常规社会的资产阶级价值观南辕北辙。若干年前，历史学家杰克逊·里尔斯[1]在自己的作品《丰裕的寓言》（*Fables of Abundance*）一书中指出这个术语的重要性，认为狂欢荒诞在尚未有书面记录的美国现代广告业发展阶段中，起到了至关重要的作用。巴纳姆说自己小时候是个爱恶作剧的小孩——归根到底还是会骗人——喜欢用各种鬼把戏捉弄人。“无论是出生环境还是成长环境，周围的人都很爱嬉笑打闹。”对于伪君子和清教徒以及那些总喜欢监督、评判、管制老百姓，并禁止老百姓找乐子的道德精英，巴纳姆一向不信任。

1　杰克逊·里尔斯（T.J.Jackson Lears），美国文化史与思想史学家。

出生时他的祖父（他在书里将之描述为“显然是个爱恶作剧的人”）跟他开了个玩笑，在遗嘱中给他留下一块根本不值钱的土地。但巴纳姆一直以为自己是个地主，直到后来亲自到了那儿（常春藤岛）才知道那就是个笑话——那就是块没人要的沼泽地。早年的经历无疑在巴纳姆的身上留下印记，后来当学徒学着卖东西，尤其是卖帽子和彩票，欺诈是司空见惯的。买家和卖家，“两方对欺骗都心知肚明”，巴纳姆是这么评价帽子买卖的。因为自己比别的同行和竞争者都要精明，点子也更多，巴纳姆沾沾自喜。狂欢式美学下，欺骗反而成了一种美德。也正是在时代的“狂欢荒诞”中，巴纳姆学会了欺诈的艺术。在正式的自传中，他甚至流露出欺诈得手后的志得意满。

书中，巴纳姆给大家解释了他如何通过广告宣传吸引大众，并且屡试不爽，书里的措辞有时直言不讳，但多半含糊其词。首先，巴纳姆杜撰了一个有关展览的故事，这个故事非常引人入胜，内容真真假假，听起来就像桩奇闻逸事，可以被用在广告宣传中，被印在销售小册子上，或者被用在演讲中。以黑人赫斯为例，巴纳姆强调她的年龄是161岁（他还伪造文书证实其年龄），强调她对于宗教的虔诚（说她热爱赞美诗），以及她爱国的一面（称她为乔治·华盛顿的奶妈）。巴纳姆亲自出马，在报界四处运作，包括买版面、登故事以及拉拢编辑和记者，吊足公众的胃口。就是用同样的方法，他成功掀起了“珍妮·林德”热潮，并让这股热潮席卷整个美国。“为了推广产品，我用的招数和方法不计其数，但公众却看不到这只隐形的手是如何在暗处撩动他们的心弦，便轻轻地松开他们的钱袋。”巴纳姆自己承认，“随着这场声势浩大的音乐运动的展开，我用的招数和方法也在不断升级。”他还会借助海报以及图片的力量，进一步调动公众的热情。

巴纳姆几乎用遍了所有的欺诈方式。他偶尔也直言不讳，承认自己撒谎。“大拇指将军汤姆”本来只有5岁，巴纳姆说成11岁，因为这样更能让人相信他是个长不大的侏儒。他声称“羊马兽”——据称是把大象、鹿、马、野牛、骆驼和绵羊的身体部位拼在一起形成的形象——是著名的探险家上校约翰·C.弗里蒙特（John Charles Fremont）在美洲西部探险的时候捕获的。他吹嘘起来天花乱坠，“斐济美人鱼”的宣传画甚至让大家以为在展览现场能看到个袒胸露乳的美女。巴纳姆的展览鲜有未经任何夸大和矫饰的。他也很善于伪装，他自己或者合伙人伪装成参观完赫斯展览的观众，给报社送信，信里指责展览弄虚作假，说赫斯其实是个机器人，用这种伎俩来再次激起公众的好奇心。半真半假是他的惯用招数，马戏团的瑞士乐手实际上来自英国的兰开夏郡（Lancashire），但巴纳姆认为改一下籍贯会更有异国风情。他还会误导群众和隐瞒真相，例如，他在报纸上公开声明，邀请群众免费参观刚捕获的野牛（根本就不是刚捕获的野牛），但结果大家不仅得自己掏腰包付路费，看到的也不过是可怜兮兮的几种动物（野牛是个幌子）。“恭维奉承”是他屡试不爽的法宝，他是这么说的：“恰到好处地恭维和取悦大众，让他们不会对你的动机起疑心，这是一种能力。”这不仅考验老百姓的智商，也能激发他们的好奇心，赢得他们的同理心。

因为欺骗而声名大噪，并不是什么光彩的事，但巴纳姆乐在其中。书里他偶尔也会讲些逸事，来证明公众对他的喜爱。他讲到第一次带着“大拇指将军汤姆”去海外巡展，纽约的富商巨贾热情地欢迎他。普通民众去这间博物馆不单单是为了看奇珍异物，也想亲眼见识一下他的风采。他还提到一个故事，是关于一个售票员的，这位售票员对巴纳姆所做的有关欺骗哲学的演讲表示赞同。“好坏并不重要。”售票员说道，“人们就是愿意去看。巴纳姆是骗了大家，结果呢，大家还是愿意掏钱，去弄明白自己为什么会上当。我敢说，要是有人被巴纳姆骗了20块钱，他一定愿意再出25块钱，听听自己是怎么被骗的。”巴纳姆是个家喻户晓的人物，他的名字和骗局是同义词。无论是道德卫士还是伪君子，都没能阻挡住这个骗子的成功。

书写到这里，巴纳姆成了个事业有成的生意人，他不再搞恶作剧，也不再讲荒诞不经的故事了，可骗还是要骗的。从这里开始，巴纳姆更多地颂扬维多利亚式的社会传统和道德规范。他承认自己渴望世人的尊重，也渴望安稳的生活。他热烈地赞扬婚姻和家庭所带来的幸福，虽然篇幅并不多。他表达了自己作为基督徒的虔诚。他还戒了酒，说自己滴酒不沾。他不厌其烦地强调道德的必要性。“人们永远不会嫉妒流氓、酒鬼，还有粗暴无礼的人，而温热的良知在罪行中变得冰冷，是天底下最让人痛心的事情。”巴纳姆有多么成功，这在他所讲述的故事中随处可见，例如有多少人参观了博物馆，有多少人观看了演出，他去过多少地方巡展，买卖规模有多大，当然，最重要的是，他挣了多少钱。他声称自己与显赫人物结交，其中有神职人员（通常是爱恶作剧的人的对立面角色）以及皇室成员，并且历数报界对自己事业的褒奖。他详细地描述珍妮·林德的演出是如何独树一帜，给美国带来了文明、高雅的娱乐。他忍不住提到了自己的豪华住所“伊朗尼斯坦”——“东方风格的别墅”，设计的灵感来自他在英格兰布赖顿（Brighton）所见到的一幢建筑。但他猛烈抨击过度消费的物质主义，声称“荣誉和尊重是绝对不能用金钱来衡量的。我们永远不能把‘金犊’当作偶像崇拜”。他还介绍了一些商业成功的法则：节俭、稳重、自力更生、勤奋，当然还有诚实正直，最后，一定要会宣传。这本书的最后一句话，象征着他已经转而笃信当时资产阶级的人生真谛：“待在家里，身边围绕着我的亲人们；‘家’和‘家人’最圆满，也最好地诠释了什么是天国。”

那么他究竟是如何骗过那么多人的呢？无论是在自传还是在访谈中，巴纳姆从来都没有说过“每分钟都有容易上当受骗的人出生”这样贬低大众的话语，但人们认定这话出自他口，其中的原因并不难理解。看看他是怎么评论公众对于“羊马兽”的反应的："他们什么都能咽下去，而我是个聪明人，我给他们扔过去的可不是什么'肉骨头'，不过是点塞牙缝的东西，结果呢，他们就一口吞了下去！"事实上，巴纳姆还透露，公众就是喜欢被骗："他们就算知道自己被骗了，仍然挺开心的。"演出的舞台效果和包装令人眼花缭乱，不仅考验观众的判断力，需要他们对眼前如梦似幻的场景做出评估，同时也增强了娱乐效果。这就是说，按照巴纳姆的说法，不会有人因为上当受骗而觉得不满，因为巧妙的骗局让大家乐在其中。展览的规模之庞大，展品的种类之多样，似乎给了骗局些许合理性。"虽然宣传画、旗帜、夸张的图案，还有言过其实的广告都有'撒谎'的成分，但展览不仅精彩纷呈，让人捧腹，也有一定的教育意义，这多少能抵消一点虚假宣传的负面效果。"他为自己的博物馆辩白道，"事实上，我认为'撒谎'是正当的，并且公众喜欢我这样半真半假。"看演出也好，看展览也好，观众们觉得自己的钱花得值，这才是关键。巴纳姆委婉地表达了一个后来被广告人普遍使用的借口，这个借口不仅为自己洗白，也让骗局合理——他们给公众提供了服务，虽然它是欺骗的一种，但对公众的幸福来说却是必不可少的。他也是第一个这么说的人。

然而，这些还不足以支撑他维多利亚式的价值观。到了书的结尾处，巴纳姆的语气变得充满了火药味。他声称自己其实是一个做公共慈善的人，而且他的慈善程度是人类历史上任何真真假假的慈善家都无法比拟的。因为美国所面临的问题是严重的、乏味的务实性，以至忽视了娱乐的重要性，而别的国家并非如此。结果就是，获得幸福的方式全世界人都知道，但美国人却一点也不快乐。这便是巴纳姆的所作所为——明明从自己的利益出发，却称这样的损失令人扼腕，一定要挽回损失。他的博物馆给观众带来了无与伦比的快乐，同时教授普通民众动物方面的知识，珍妮·林德富丽堂皇的演出提升了文化阶层和富裕阶层以及中产阶层的音乐品味，而以前美国人的娱乐是全民毫无节制的腐化堕落，所以，舆论怎么可以针对他呢?

《纽约时报》称巴纳姆为“杰出的骗术大师”，这也是大家讨论集中的焦点。巴纳姆是一个游说者，他让所有的道德卫士为之斗志昂扬，因为他的举动极大地冒犯了人们对真实的狂热崇拜。乔伊斯·赫斯、斐济美人鱼、大拇指将军汤姆、羊马兽，甚至珍妮·林德的故事被书评人翻来覆去地讲述，夹带着对于巴纳姆本人的看法，比如他是多么厚颜无耻，恨不得榨干他们的每一滴血，以及他是如何瞧不起普罗大众。看着这些描述，你心里会对巴纳姆产生本能上的排斥。巴纳姆发明出一种“庸俗的机制”（《荷兰裔美国人》）以欺骗大众，它无异于“成体系的、有组织的诈骗”（《弗雷泽》），在广大群众中催生出“虚假的、人为的热情”（《泰晤士报》）。这些见解导致批评家们开始谴责广告业，并对其日益扩大的影响深感痛心。毕竟，巴纳姆只是“当代‘吹嘘’艺术行业”“最广为人知的从业者”（《泰晤士报》）。他和他的同行们充分利用了“公众们取之不尽、用之不竭的单纯和轻信”（《布莱克伍德爱丁堡杂志》）。如此一来，批评家们在社会性谈话中引入了一种关于广告人的观点——可怜的群众。“群众不仅相信广告里的内容，还纷纷掏腰包购买。事实上，他们从来没有如此信服过，也从未买过如此多的东西……巴纳姆给什么，我们就买什么。”（《基督徒观察者》）。过度卖力的“吹捧”，让艺术、文学，尤其是报业变得廉价而堕落。起初在虚假宣传乔伊斯·赫斯的时候，巴纳姆就已经发现，原来不费吹灰之力就能让报界沦落为“骗子的喉舌”（《弗雷泽》）。甚至连珍妮·林德的巡演都被报纸的广告给玷污了，虽然那的确是一场音乐的盛筵。真实而又可信的东西正在从我们的生活中消失，取而代之的是“随处可见的欺骗和伪装”（《弗雷泽》）。似乎广告人别无选择，只能一同腐化堕落。因为巴纳姆与同行时不时会产生龃龉，《布莱克伍德爱丁堡杂志》的文章甚至怀疑这本书其实是做了点好事，因为它把骗子们罪恶的勾当公诸于世。

更不妙的是，巴纳姆成了堕落的美国的典型代表。英国书评界的口诛笔伐最能说明这点，《P.T.巴纳姆的一生》说明美国是多么的污秽和肮脏，英国人为此感到幸灾乐祸——同时也隐隐地担心这种传染病将会蔓延到干净的大不列颠。在美国，人们好像宁愿被看作一个聪明的无赖，而不愿意是一个诚实的人（《布莱克伍德爱丁堡杂志》）。“北方佬真是丢人。”这样的批评在美国南方的报刊上也能读到，甚至对此深感担忧的北方的批评家们，也偶尔会表达内心的不满。巴纳姆所犯下的错是典型美国人的做法。想想看，对于“万能的金钱”的崇拜（《弗雷泽》）和对于成功的渴求在美国是多么的普遍。“只要能成功，没有什么我们不能忍受的。”（《大都市》）“巴纳姆就是成功的标志和化身。”（《纽约时报》）世界上还有哪个地方能找到如此拙劣的骗人伎俩，能这么明目张胆地诈骗？《经济学人》甚至怀疑如此病入膏肓的一个国家一旦被侵略、被占领，无法再实现统一。这个观点听起来非常奇怪，但《经济学人》以及其他批评都指向一个共同的观点：美国才是广告人真正的栖身之处。它是“被选中的欺骗之地”，无论什么样的江湖骗子都能飞黄腾达。“我们国家的制度非常灵活，弹性空间非常大，再大胆的骗子也有发挥的余地。”（《基督徒观察者》）

从这种说法中我们不难发现，关于广告人和广告业的一些观点糅合在了一起，初具某种雏形，我称之为“传染与免疫”。生命政治的当务之急是要确保社会肌体的清洁纯净，而“传染与免疫”与此是相关联的。这种担忧如果落实到现实中，就变成了行动——对任何外来的、有害的事物，必须采取驱除有害物或者增强免疫的方式，将其一概拦在群体之外。在当时的时代背景下，这种观点的支持者担心广告宣传是一种病毒，认为它会通过幻象和欺骗来危害社会。这种观点还假定普罗大众既没有主观意志，也没有能力来对抗广告人的诱惑。他们把广告想象成一种疾病，一种爱说谎话的疾病，他们得采取措施来保护无辜的群众，使他们具有免疫力。在不同的历史时期，这种担忧都会引来关于广告分级的强烈呼声，具体包括限制城镇广告海报的数量、禁止报纸刊登具有误导性的广告，等等。

巴纳姆对于自己所引发的道德论战洞若观火。他发现自己深陷谎言的困境中，尽管他认为针对自己的一切指控并不公平。他甚至还在杂志上表达了不同看法，大量引用了《布莱克伍德爱丁堡杂志》抨击自己的文字：

> 我忠实地记录了自己的演艺生涯，并没有任何歪曲道德准则的企图（那么做是无可饶恕的）。有人认为，我为自己不择手段的商业谋划获得成功而扬扬得意，但这实际上是因为我天生就喜欢捉弄人，并且一直喜欢这么做，还有个原因——我是一名职业的演出经理人，是好还是坏很难说。我并不是要为自己辩解，但事实是，无论是政治家、神职人员还是律师，都经常会做有悖于君子准则的事情，我认为取悦于人的大众娱乐行业从业者也是如此。我并不想与任何人辩驳，但如果对律师和演出经理人不能一视同仁，我觉得有失公允。

这等同于间接地为自己辩护——欺骗是必须的，因为他从事的是娱乐行业，就算不是为广告人的前身辩护，也是在为自己演出经理人的身份辩护。但这个做法并不能解决名誉问题，巴纳姆自己也意识到了，1865年他给朋友的信这样写道：“30年来我一直在做好事，却（愚蠢地）把自己最坏的一面展现给世人，以至半个基督教世界都视我为洪水猛兽。”

这就意味着巴纳姆同样遭受着典型的自我欺骗的折磨，至少他写《P.T.巴纳姆的一生》的时候如此。典型的自我欺骗是指受害者拒绝讲出自己的真实境遇——按照某位学者的说法，他拒绝“与世界交流”。他坚信自己不仅仅是一个好人，也是一个值得尊重的体面的企业家，他的人生也是美国人功成名就的典范。他清楚自己违背了那个时代的道德准则，但他所在意的，他期望别人看到的，是他的奋斗和成就、他对于美好事物的追求、他给美国人民带来的快乐，尤其是他对于美利坚文明所付出的努力，比如珍妮·林德的大胆尝试。对于谎言会带来怎样的结果，有着怎样的道德意蕴，他漠不关心，但其他人很在意。事实是，“道德卫士和基督徒们”，用巴纳姆的话来说，是不会赞成他用谎言来获得财富和名声的做法的，更何况他被看作美国人的典型。

在克服了财政上的困难并获得了第二笔财富之后，巴纳姆开始着手挽回《P.T.巴纳姆的一生》这本书的负面影响。1866年他出版了《世界上的骗子》一书，书中他把古往今来让人类遭罪的各种各样的骗术曝光了个遍。这本鸿篇巨制大概是想证明他站在道德的一方，愿意识破和揭露各种危险的骗术。但他的目的不止于此。书一开头，他就表明了自己是真理的忠实信徒，对那些质疑荣誉、正直和真理是否存在、是否有意义的怀疑论者表示鄙夷。他重新定义了欺骗，以迎合大众，他说，欺骗包括“用光鲜华丽的外表、新颖的手法，迅速抓住大众的注意力，吸引大家的眼球”。后来，他又加上了一段对于广告本质的描述，极具暗示性，他说：“广告对于一件真实的物品来说，就如同肥料对于土壤——它能极大地提高产量。”之后，《P.T.巴纳姆的一生》又有了新的替代品，那就是《奋斗和胜利》，在这本书里，他更加详细地描绘了自己作为宣传者和广告人的所作所为：

> 用让人眼花缭乱的海报来调动群众的热情，让他们的内心充满期待，以前如此，现在亦如此，世界就是这么运作的。可以说我不遗余力地为同行们树立了一个更好的榜样。我的做法跟大家一样，要说有什么不同的话，我更加言过其实，我的广告更加标新立异，我的海报更加吸引眼球，我的图片更加哗众取宠，我的旗帜更富有爱国精神，我的胶片更加鲜艳明亮，这并不是因为我无所顾忌，而是因为我为了不负大家的期待，投入了更多的精力、更多的创意，打下了更好的基础。如果这些还不足，我至少为观众们呈现了一个美轮美奂的、令人捧腹并具有教育意义的演出，这不正是美德的明证吗？没有一位观众在离开博物院时抱怨自己的钱白花了，这多少给了我些许安慰。当然，为了让更多人知道我的演出，我有时会不择手段，但观众们满意而归，多少能抵消一些负面影响。

南北战争前的批评家们猛烈地抨击巴纳姆，但历史待他却温柔许多，认可他称自己为“公众慈善家”的说法。巴纳姆去世时，《泰晤士报》的讣告称他生前在伦敦最后一次盛大的表演为“无伤大雅的骗子与心甘情愿的被骗者共同上演的喜剧”。在畅销书作家欧文·华莱士（Irving Wallace）所著的《无与伦比的表演者》（*The Fabulous Showman*）一书中，作者认为巴纳姆解救了美国，把人们从由清教徒的贫瘠寡淡所统治的水深火热的境遇中解救了出来。若干年以后，社会历史学家尼尔·哈里斯（Neil Harris）发明了“操作美学”这个术语，用来描述巴纳姆的骗术，并为其辩护：他为大众提供了故事和演出，人们可以通过这些故事和演出来检验、发现和讨论真相，像是在玩智力游戏，从而丰富了大众的生活。更近些的历史学家詹姆斯·W.库克（James W. Cook）更是把巴纳姆归为“艺术性欺骗”“不确定的真相”与“滑稽骗术”的大师，称他引领了19世纪大众文化娱乐的发展。沃尔特·麦克杜格尔（Walter A. McDougall）也是美国历史学家，他著有《民主的阵痛》（*Throes of Democracy*），这本书对巴纳姆所生活的美国社会进行了一番研究，书中认为当时的美国是骗子的聚居地，欺骗和自欺欺人的事件比比皆是，但这却是美国能够蓬勃发展的关键性因素，因为正是“腐化堕落”催生了改革与创新。巴纳姆正是一位创新者，“一个满嘴谎话的生意人”发现自己的产品有“巨大的市场”。这些观点与当年批评家们的看法可谓大相径庭。巴纳姆现在成了美国富有活力的象征，并且这种精神已经遍布美洲大陆。这个曾经被谴责为象征着道德堕落先兆的人，转而成了国家活力的标志。

人们重新评价这个骗子的一生。这一回，巴纳姆仿佛一位艺术家，他模糊了真相与虚构、幻象和现实的界限，满足了人们的好奇心。想象打败了真实。这种观点隐晦地否定了真理的必要性：它认为欺骗不仅是普遍的，而且是必须的。骗子也是艺术家，他们给民众带来了“快乐”，“并没有蒙蔽大家”，他们调动了民众的理性思维，让大家能更好地调和“现代性的不同意义之间的矛盾”。他是位“公众慈善家”，是文化英雄，赋予了现代性更多活力。巴纳姆成了一名光荣的骗子，虽然违反了道德，却让大家的生活变得更美好。

并不是所有人都赞同这样的说法。早期广告业的编年史学家，弗兰克·普雷斯布雷（Frank Presbrey），对广告业基本持肯定的态度，但对19世纪末的骗术横行颇为不满，认为巴纳姆是始作俑者：“不良风气必然后患无穷。”（这么说当然也有失偏颇，毕竟后世的骗子也不全是模仿他的）欧文·华莱士是巴纳姆的捍卫者，他从现代广告业的发展轨迹出发，提出了自己的怀疑。查尔斯·巴克斯特（Charles Baxter），当代小说家和学者，在读完《P.T.巴纳姆的一生》后，则更加深入地批判了广告人。巴克斯特把这本书同沃尔特·惠特曼的《草叶集》做对比：“诗人让我们感受到人类的爱以及对金钱的无动于衷，巴纳姆却让我们学着在尔虞我诈中获取钱财。”他们代表了19世纪中期两种截然不同的人生态度。巴纳姆的自传成了广告人的行为向导。“巴纳姆染指了广告业神圣的一面，他将表象变成现实。”怎么做到的呢？大张旗鼓地“误导和夸大”，进行反反复复、铺天盖地地宣传，直到内容能“吸引群众”，“夸大战胜了真实的价值，又能带来话题性”。无论是怪人、超级明星还是政治家，他们就是这么把自己推销出去的。“在被广告和骗子统治的世界，他们不仅设计好游戏，还安排好托儿，只要会骗，即使是战争（不，尤其是战争），也能兜售给群众。”

巴纳姆留下了许多悬而未决的问题。如果说真理是没有商讨余地的，那么它的意义何在？什么样的夸张是可以接受的？最终，对巴纳姆的看法不仅仅取决于他的所作所为以及他的忏悔，也取决于其后发生的事情——取决于评论者如何看待广告宣传在现代进程中的作用和影响。

2. 惊人的美国骗局

没有报纸这样的帮凶，无论是假药还是骗局都无法落地生根，但巨额广告利润却让报业卑躬屈膝。一个有组织并且不受任何约束的“暴政”，它的踪迹在美国四处可见。

“美国人今年购买专利药品的支出高达7500万美元，他们真是太好骗了。照这个数字来看，美国人咽下去的酒精不计其数。”这位正直的记者说道，“麻醉剂和镇静剂的使用也非常泛滥，还有各种各样药品的滥用，从强效但危险的心脏镇静药物到有风险的肝脏刺激药物。当然，下得最猛的药是彻头彻尾的欺诈。欺诈，是买卖的基础，手腕高明的广告骗子都离不开它。”这是塞缪尔·霍普金斯·亚当斯（Samuel Hopkins Adams）炮轰“骗人的特效药”和“江湖医生”系列报道的开场白，最开始由《科利尔》（*Collier's*）刊载，第一篇报道于1905年10月发表。这一系列报道轰动了美国，在美国医学会的支持下，文章编纂成集，书名仍然叫《美国骗局》（*The Great American Fraud*）。文中，亚当斯为了说明广告的危害，具体详尽地进行例证，这本书是揭发广告人诱导消费的先驱，在书中，广告人被视为罪魁祸首，广告宣传对整个国家的福祉来说是巨大的威胁。他的目的就是要激发培养国民情绪，从而敦促媒体和政客保障公共卫生的安全。

专利药品行业的崛起催生了许多抨击骗术的书籍，《美国骗局》只是其中之一。照现在的说法，这些骗子被称为“江湖郎中”或者“假药厂商”，他们的骗术臻于完美：他们专挑缺医少药又愚昧的老百姓，把药效不明或者粗制滥造的产品兜售出去。要想得手，必然离不开大量的广告宣传，亚当斯毫不留情地称之为诈骗。这些骗子的手段固然多样，本质却极其相似，只有骗取对方的信任才好行骗，这点至关重要。这也是为什么他们的故事——确切地说应该是关于他们的故事——是了解和探索现代化进程中，出色的广告专家为什么会如此重要的必经之路。他们既没有留下任何回忆录，也没有写下任何自传，没有像《P.T.巴纳姆的一生》那样可供大家参考的内容。他们只留下五花八门的文章，有些是真实的，有些则是虚构的，有些是同时代的，有些则稍晚一些，它们共同构建了有关广告人形象的社会性对话。像亚当斯这样愤怒并不是什么新鲜事。早在几十年前，亚当斯还没有写下讨伐檄文的时候，医生、药师还有记者们，就已经对专利药行当忍无可忍了。在之前的一个世纪，尤其是南北战争之后，专利药的种类、数量和受欢迎程度节节攀升。一位见证人告诉国会议员，仅在1906年，就有大约50，000种药品被生产出来，在美国售卖。

批评者们把问题主要归咎于民众的愚昧和无知，他们太容易上当，亚当斯也持同样的看法。但也有其他原因，比如，美国医疗行业糟糕的状况以及美国人的共和精神。医生本来就少，就医费用高昂，加上医生的治疗让人提心吊胆，疗效也不确定，特别是妇科病治疗。病人们当然畏惧医生的手术刀，还有他们常用的“冒险疗法”（例如：放血疗法、水银治病法、戳水疱），虽然这些方法到了19世纪末逐渐式微。除此之外，很多美国人认同自力更生、自我救助的价值观：他们对专业人士缺乏信任，坚持自己的病自己治。于是，形形色色的生意人迫不及待地迎合群众的需求，生产出令人眼花缭乱的药品，成分包含药草、酒精、镇静剂，甚至还含有微量毒素，声称能包治百病，而且质优价廉见效快。1870年后，药品行业飞速发展，因为报纸的影响力越来越大，假药生产商借助报纸的力量，如虎添翼，欺骗了很多消费者，有的人还因此大发横财。

宣传——大量广告的轮番轰炸——是成功的关键，不仅能在公众心目中树立品牌形象，还能有效地对抗竞争。据知名撰稿人克劳德·霍普金斯之后的回忆，广告无所不能，这就是为什么“那个年代最优秀的广告人都在医药界锻炼过”的原因。到了19世纪末，几家大的药品生产企业每年在广告上的投入高达数百万美元。多数广告商会在全国各类报纸上刊登药品广告，有时候也会参与到广告的前期制作。报刊杂志有药品广告专栏，报纸杂志社对此求之不得，并从中获得稳定收益。但药品生产商的手段不止于此，他们还会让人身上挂着广告牌，或者让广告花车在城市里穿梭，在乡下举行流动药品展，四处给病人发放印有感谢词的健康小册子、特制年鉴以及传单，也有户外广告——有些甚至把药品品牌和口号刷在岩石或者谷仓上！美国已经进入广告的喧嚣时代。

到了20世纪，对于制药业的抨击迅猛升级。许多医生和药师涉足假药，给病人和顾客推荐自己青睐的药品，此话并无半句虚言。但也有些医生和药师，要么是出于自身的考虑，要么是出于对公众健康的担忧，呼吁立法，要求药品生产商公开药物成分。美国医学会对于制药业的态度当然是坚决反对。哈维·华盛顿——美国农业部化学局的负责人，发起了一项运动，旨在净化美国的食品药品行业。《妇女家庭杂志》（*Ladies' Home Journal*）是爱德华·博克（Edward Bok）所掌管的，有着广大读者群的杂志，他积极而富有活力，禁止自己的杂志刊登假药广告，决心要把药贩子的骗局和这些假药的危害给彻底曝光。有些立法机构的政治家也运筹帷幄，敦促药品生产商公布药品成分，毕竟老百姓只有知道自己吃进肚子里的是什么，才会提高警惕。美国专利协会（Proprietary Association of America）会定期采取相关措施，以保障会员的药品贸易不受政府、立法机构以及媒体界的干扰，这回的打击措施用来对付他们绰绰有余，药贩子的日子不好过了。

接着，药品行业又成了耙粪记者[1]的靶子，耙粪记者也是进步主义运动的传播媒介之一。耙粪记者时代是美国新闻行业历史上短暂却浓墨重彩的一笔。这个时代维持了不到十年（1902—1912），全盛期仅有几年，大概在1905年以后，迫于商业压力，也可能是由于公众逐渐变得倦怠，批判的热情才慢慢熄灭。典型

1 所谓"耙粪记者"（muckraker），也称黑幕揭发记者，既用来描述一群人，也指美国19世纪末20世纪初掀起的一股新闻报道浪潮，一些记者和报刊致力于深入调查报道黑幕，揭发丑闻，对社会阴暗面进行揭发。

的“耙粪记者”（这个叫法出自美国总统罗斯福，他本人可没有赞美的意思）应该坚定不移，心中激荡着改革的热忱，致力于记录美国行业秩序中的弊端和腐败。耙粪记者通常和一些受大众喜爱的杂志有关联，比如，《妇女家庭杂志》和《科利尔》等，这些杂志当时在大中城市俘获了不少中产阶级读者。接着，许多作家都曝光了美国的行业真相，其中比较出名的作家有艾达·塔贝尔（《标准石油公司的历史》，反映石油行业黑幕）、厄普顿·辛克莱（《丛林》，1906年出版，曝光肉制品行业）、雷·斯坦纳德·贝克（反映劳动者的困境）、林肯·斯蒂芬斯（反映城市腐败），还有戴维·格雷厄姆·菲利普斯（曝光参议院的腐败），他们的作品带有一种布道般的热情和强烈的道德正义感。他们的初衷就是要让公众清醒，要点燃公众的怒火，从而催生出改革的热潮，最终达到涤秽荡瑕的目的。

1904年，对药品行业的抨击吹响了新一轮号角，《妇女家庭杂志》聘请了马克·沙利文（Mark Sullivan）为顾问律师，来调查假药生产商的阴谋诡计。他最英勇的事迹莫过于揭发莉迪亚·平卡姆（Lydia Pinkham）的植物合剂，那是一种很受欢迎的妇科药，含有欺诈成分。他们指出，广告把莉迪亚·平卡姆塑造成一位仁慈智慧的老奶奶，只要有受苦受难的女性给她写信，她都会可怜对方。但按照1905年沙利文的说法，莉迪亚已经死了20年了，他把莉迪亚的墓碑照片和莉迪亚“在实验室”的广告并列摆放，以证实自己的说法。他还揭露了美国专利协会阻止报界和政治家插手此事的种种手段。

最突出的是自由记者塞缪尔·霍普金斯·亚当斯。亚当斯是一名牧师的儿子，这多少能解释他为什么对道德如此狂热。大学毕业后，他先是在纽约《太阳报》工作了九年，主要报道犯罪活动，接着跳槽到《麦克卢尔》，那里可谓是耙粪记者策源地，当了几年广告经理，又捡回了写作的老本行。亚当斯对公共健康产生了兴趣，报道过肺结核，正是因为此事，他在《麦克卢尔》的同僚雷·斯坦纳德·贝克建议他开展对药品行业的调查。

1905年10月7日，系列报道首次登场，并且成了那一周的重磅新闻。首先，引文配的插图极好，文字的背景是一只毒蛇缠绕在药瓶上，药瓶的后面是一个骷髅头，上面盖了顶帽子，空洞的眼眶直勾勾地盯着读者，标题是大写加粗的“美国骗局”。从头到尾，《科利尔》杂志都绝好地发挥了配图和照片的作用，使得亚当斯的文章生动有力。前六篇报道的重点集中在“江湖药的危害”上，一直刊载到1906年2月7日，其中还包括马克·沙利文的特别报道（但未署名）。正是这六篇文章激起了轩然大波，并且影响力超越了普罗大众的范畴。美国专利协会实际上已经无力回天了。政客和记者们现在也加入了进来。1906年《纯净食品与药品法》能够通过，这一系列报道功不可没，《纯净食品与药品法》要求生产商明确标注出药品成分。第二个系列报道名为“江湖医生与江湖骗术”，调查了药品生产商的信件往来，分四次刊出，从1906年7月14日到9月22日。调查的结果经过概括后，也发表在《文摘》上，但反响平平。不管怎样，现在士气大振的美国医学会把这两个系列的报道和其他相关文章，包括《妇女家庭杂志》所刊登的报道概要汇编成册。据估计，截至1912年，这本书共卖出了150，000册，而发行的数目大概是这个数字的两到三倍。毫无疑问，他们赢了。

《美国骗局》不仅报道了真相，还包含了不同人的看法和判断，是一本杰出的作品。亚当斯为读者们提供了大量关于这些江湖骗子以及他们的品牌、广告、五花八门的药品、使用后果的信息，还提供了受害者的数据。文中所说的真实，多半是从科学的角度考量，而不是以骗子口中的传统习俗、印第安传说为标准，亚当斯经常会用实验室科学人员的知识来说明假药的危害。但是，整个系列报道的力量源泉还是道德的热情。亚当斯以探险者的身份自居。他的冒险经历带着些许神话意味，为了大家伙儿，无畏的英雄冒着危险来到魔鬼盘踞的地狱，他对江湖郎中这样评价：

> 只要稍微留意下晨报上药品的广告，你就能发现自己身处的世界有各路妖精妖言惑众。有像护身符一样的电子皮带，戴上它就能返老还童；有功效神奇的戒指；有故弄玄虚的吸入药；……还有疗效显著的足部膏药，只要用了就能驱除风湿疼痛，“没用的话全额退款”，

圣路易斯仁爱的药贩子们信誓旦旦，声称他们有秘方，能让任何要命的癌症药到病除，而丹佛的术士们甚至不用见病人，就能包治疑难杂症。一个文明的国度竟然把这些江湖骗术当作信条和福音，岂不怪哉？

亚当斯的报道中，随处可见他对于不幸的公众的看法。老百姓那么容易上当，这在亚当斯看来是难以理解的。“斯洛克姆肺结核药就是伪劣产品，如此拙劣的假药却骗了大家那么多年，这无疑是对人类愚蠢轻信的绝佳诠释。”但这只是一个普遍问题的极端例子，愚昧无知和死马当活马医的希望为假药开辟了市场。公众的错觉来源于铺天盖地的广告宣传，而这些广告宣传充分利用了愚蠢轻信的老百姓内心的希望和恐惧。亚当斯指出，对报业人来说，油墨正是这桩祸害无穷的买卖的生命之源。药贩子们通过报纸来左右民众的看法，他们撒谎，从被欺骗却又永远抱着一丝希望的愚昧的老百姓身上攫取利润。他们厚颜无耻，恶名在外，但跟金钱相比，他们觉得名誉无足轻重，如果没有报纸，他们的骗局将难以施展。江湖郎中的支出中，一大笔花费是用来进行广告宣传的，这笔费用大约占了成本的50%，远高于药品的生产成本。据沙利文估算，每年报纸宣传花费达到100万美元的大型药品企业至少有五家。

亚当斯陈述了一个事实，这些江湖郎中已经获取了消费者的些许信任，他们狡猾地利用各种头衔和证书，许多人把自己塑造成爱心人士、慈善家，致力于帮助人类摆脱疾病和病痛的困扰，以此来瞒天过海。甚至还有人把严肃的科学当作卖点，什么热门就炒作什么，用医药术语或者科学新发现来说服群众。无论看起来多么自相矛盾，他们还告诉公众，医生并非无所不知、无所不晓，正规药也存在风险……于是，他们的结论是，有了朋友的帮助，公众自己也能给自己治病，别管专家们怎么说。

感谢信和名人效应是骗子们的常用伎俩。大型药品企业宣称他们收到的感谢信不计其数，写信人都是患了病的普通男女，他们感激涕零，因为吃了药之后，病很快就好了。这些感谢信证实了假药的功效，老百姓完全把对假药的批评尤其是医生和科学家的主张抛诸脑后。骗子会选一些情真意切的感谢信，编入广告或者医书中。亚当斯分析以后发现，多数感谢信虽然真实但并不可信，有些是颇有名声的作家或者其他公众人物执笔，但多数是目不识丁、愚昧无知的老百姓写的。“愚蠢的患者啊，明明是靠着自身免疫力战胜疾病、恢复健康的，却感恩戴德地提起笔，为骗子们写下自己的证词。”很多知名人物是应了药品生产商的邀请才写的感谢信，这也很成问题。骗子们还会雇用“猎头”，慢慢靠近公众人物，比如海军军官、众议院议员、参议员议员，或者跟医院里的人建立往来，让他们支持自己的产品。

亚当斯注意到，报纸是他们的有力武器。骗子们完全没有下限，所有的广告尽夸大之能事，真真假假，半遮半掩，各种歪曲和误导。要是以为这些广告都大同小异，那你就错了，它们有着天壤之别，骗子的想象力无边无际。让亚当斯和沙利文恼火的是，这些骗子还搞定了政府。似乎既没有多少人愿意，也没有人有能力阻挠他们的骗局。《美国骗局》认定这些骗子的成功其实是一系列的道德背叛。太多的政客对长在美利坚身上的这颗大毒瘤视而不见，甚至还有些政客为这个致命的产业效力。许多医生心知肚明，却向贫困的病人推荐假药。亚当斯在报道中讲了一个故事，一位宾夕法尼亚的商人遵从医嘱，服用安替坎尼亚（Antikamnia）治疗失眠，安替坎尼亚的成分含有乙酰苯胺。结果呢？病情加重，体重锐减，皮肤暗沉，血液变成了深巧克力色，最后神志不清。

耙粪记者们把靶子对准了报界。为什么？这不仅仅是因为他们觉得自己的职业受到了侮辱，记者们的愤怒也反映出他们具有仁慈之心。报纸本应该是传播真相、事实的载体，而不是散布谎言的渠道。它应该对抗道德败坏，而不应该为虎作伥。套用社会学理论中的话，报纸应该是真理政体的重要支撑。“我们完全依仗报界来铲妖除魔，”沙利文写道，“一旦妖魔降服了报界，我们该如何是好？”亚当斯和沙利文认为，没有报纸这样的帮凶，无论是假药还是骗局都无法落地生根，但巨额广告利润却让报业卑躬屈膝。一个有组织并且不受任何约束的“暴政”，它的踪迹在美国四处可见。

3. 欺骗的魔法

> 广告人仿佛是催眠师，在大众传播媒介和宣传统治的世界，他们手到擒来，从容自若。

1928年，欧内斯特·埃尔莫·卡尔金斯（Earnest Elmo Calkins），现代广告业的先驱人物，懊丧地翻开了自己的散文集《商业带来文明》（*Business the Civilizer*）。近些年来，虽然广告业以及广告人在文学作品中屡见不鲜，但文学作品却极大地误导了公众：他广泛引用了一些美国和英国作家的作品，也许并不尽然精确，以说明他们如何玷污了这个新兴职业的名声。在这些作品中，广告不过是诈骗，是利用了公众的愚昧无知的巨大骗局，它阻碍了工业的发展；广告人看起来就像是江湖骗子，他们摩拳擦掌，不择手段，目的就是要把产品兜售出去。这股趋势愈演愈烈，因为从1900年开始，尤其在20世纪20年代，广告业得到了长足的发展，广告公司已经成为非常重要的社会机构和经济机构，而且，现代广告载体的发展，让广告业如虎添翼。

实际上，在1865年之后问世的美国经济类小说中，无论是广告行业，还是广告人，都没有被留下浓墨重彩的一笔。根据统计，从南北战争结束以后到第一次世界大战之前，涌现出数以百计的经济类小说，它们可以被清晰地归到某些亚类中去，比如经济改革类小说（这类小说包含劳动阶级的诉求、民粹主义者的论战以及乌托邦思想）、励志小说（通常是企业家白手起家的故事、华尔街爱情故事），还有消费者的故事，这些小说既注重感情，又有很强的叙事性，在19世纪后半叶得到了充分的发展。除了这些小说，广告业在其他小说中也有所体现。《康州美国佬在亚瑟王朝》（*A Connecticut Yankee in King Arthur's Court*）是马克·吐温的畅销作品之一，故事里流亡国外的汉克·摩根正是把广告作为欺骗当地人的工具，不仅颠覆了权威，还把落后的地方变得现代化。很多年之后，在西奥多·德莱塞的《天才》（*Genius*）中，年轻的主人公尤金·威特勒的工作就包括给人做广告，他总是能赚得盆满钵盈，却是以自己的艺术天分，更确切地说，是以真善美为代价。另一方面，广告是肤浅、平庸的重要成因，在辛克莱·刘易斯的畅销书《巴比特》（*Babbit*）中所刻画的美国小城里，肤浅、平庸之人随处可见。

然而，在1905年之后的25年间，涌现出少量的、直接以广告业或广告人为中心的小说，我把它们称为“骗子小说”。它们继承了部分美国文化中的搞笑传统，有荒诞的故事、滑稽的闹剧，还有温和的嘲弄，讽刺当代人生活的怪癖和缺点。尽管整体而言，这些小说仍然把广告视为谎言，并且对其中的问题提出了批评，但和后期的有关广告人的小说相比，却很少涉及广告人的困境。

第一部骗子小说，实际上也是第一部广告人小说，是埃利斯·帕克·巴特勒（Ellis Parker Butler）所著的《波特兰的珀金斯》（*Perkins of Portland*，1906），这本书其实是一部短篇小说合集，小说最先被刊载在商业杂志和通俗杂志上。巴特勒所塑造的主人公珀金斯——商界最耀眼的星星、现代广告业的鼻祖和先驱。这些荒诞故事以他为主线，按时间顺序叙述了他如何售卖专利药、豚鼠、听装奶酪、宅基地，如何推销汽车车身上的广告空间，如何让刚面世的小说一鸣惊人。珀金斯用的手段可谓五花八门，比如，饱和式宣传、伪造感谢信、样品赠送以及吸引媒体关注等，直到今天，这些方法仍然被广告人广泛使用。巴特勒是美国文学史上第一位塑造了广告人角色的作家，他笔下的广告人既不邪恶，也没有困惑和苦恼，得到了大家的喜爱。

塞缪尔·霍普金斯·亚当斯也写了部小说《号角》（*The Clarion*），安德烈·苏坦医生是故事中的关键人物，他是一位富有的专利药品制造商。小说真正的主角是医生的年轻儿子，他下决心要改革新闻业，这部小说后来还被改编成了电影。阿伦·霍夫曼（Aron Hoffman）的戏剧《一派谎言》（*Nothing But Lies*，1918）没多少名气，却是第一部反应广告公司的谐剧，整部剧围绕着不折不扣的骗子——广告人乔治·华盛顿·克罗斯坑蒙拐骗的鬼把戏展开。威廉·伍德沃德（William Woodward）的《胡说八道》（*Bunk*）描写了主人公迈克尔·韦布的冒险经历。迈克尔·韦布非常神秘，他本来是一部未完成的小说中的人物，却来到了现实中，他有识破谎言的超能力，有时广告商会因此而一命呜呼。美式英语中的单词“debunk”（拆谎）正是来自这本书。好莱坞拍了不少类似主题的电影，值得关注的有《他的照片上报了》（*His picture in the Papers*，1916），由道格拉斯·范朋克[1]出演，还有哈罗德·劳埃德主演的名片《安全至下》（*Safety Last*），这两部电影同为默片，讲的都是年轻男子妄图通过要小聪明与小把戏来赢得美人的芳心。哈福德·鲍威尔的《童贞女王》（*The Virgin Queen*，1928）是更有分量的作品，故事的灵感部分来自知名的广告经理人布鲁斯·巴顿，鲍威尔在广告业摸爬滚打过，并且认识布鲁斯·巴顿。到这里，广告人的困境终于出现了：鲍威尔笔下的主人公巴纳厄姆·邓恩（据说起这个名字是为了向巴纳姆致敬）是一位事业有成的广告人，却厌倦了这个行业。他想金盆洗手，远离广告界，于是逃到了英国乡村，可是，他却发现他永远摆脱不了谎言和欺骗，人们已经认定他是个骗术高明的广告人。这部戏剧的开头和结尾场景完全一样——这标志着他只是转了个圈，最后还是回到了原地。

这些小说所勾画出的广告人以及他们所生活的世界，竟然不

1　道格拉斯·范朋克（Douglas Fairbanks，1883—1939），1915年前往好莱坞当电影演员，初期影片以讽刺喜剧为主。他是第一个在贝弗利山定居的电影明星，他是著名“美国甜心”玛丽·毕克馥的丈夫，他们与大卫·格里菲斯组成美国默片黄金时代的“铁三角”。1919年，他和查理·卓别林、大卫·格里菲斯、玛丽·毕克馥共同创建联美电影公司，发行他们所拍的影片。

谋而合。首先，没有一个人是外来者，就连年轻的主人公也不例外。他们全是美国白人男性，多数是英国移民的后代，按照当时主流的性别和种族观念，他们算是特权阶层。一旦牵扯到感情，故事里的广告人，无一例外，都是异性恋，都妄想通过耍小聪明、抖机灵来抱得美人归。他们绝对不是娘娘腔，也丝毫看不出同性恋的迹象。这些人是（或者曾经是）那个年代的弄潮儿，他们志在必得，生龙活虎一般。关于挣钱，珀金斯有层出不穷的新点子。“刺激、冒险是我所寻求的东西，只要找到珀金斯，就能同时拥有这两样。每一次策划都是一次商业冒险，而珀金斯是芝加哥也是整个美国最厉害的野心家。”珀金斯的客户如此说道。简而言之，这些男性广告人，属于彻头彻尾的“现代风格”，并且极具阳刚气，体现出力量、竞争力、想象力和锲而不舍的精神，即使在道德主义者看来，这些也是值得拥有的优良品质。

有一项能力能把广告人与其他人区分开，那就是游说的天赋。广告人以出色的社交技巧和沟通能力而著称，他们也善于讨好奉承，佯装友善。“既然珀金斯已经出名了，我不得不说，”他的搭档威廉·布朗如此说道，“每一个广告代理人都学会了他那种让人心情愉悦的说话方式，于是现在没有一个广告商不是满脸堆笑的。”珀金斯之所以能出名，是因为他有能力把任何产品都推广出去。巴纳厄姆·邓恩完美地体现了广告撰稿人的过人之处，他把文字玩弄于股掌之间，写出来的广告词极具煽动力，任何不起眼的产品到了他那里都能让人无法抗拒。他不仅仅能煽动人心，提高产品的价值，也很能振奋人心。广告人仿佛是催眠师，在大众传播媒介和宣传统治的世界，他们手到擒来，从容自若。华而不实的言语一直很受广告界的推崇，但是过度使用也会遭到批判。广告人吸引眼球的能力以及在大众传媒占主导的现代社会中出色的游说能力，使得他们的形象变得分外有趣。在这样的社会中，成功与出色的宣传和包装能力息息相关。宣传和包装，自然就是指广告、噱头、刺激和公共关系的运作。

广告人能够取得成功的另外一个原因，是他们个个都信心十足，对自己的能力深信不疑，无论是吸引公众的注意力、获得父母的称赞，还是赢得心上人的芳心——只要他们下定决心，就一定能通过努力实现目标。珀金斯对财富的渴望从未停止过。“要不了十年我们就可以买曼哈顿的城市别墅和芝加哥郊区的别墅。”第一次推销广告创意的时候，他就这么告诉自己未来的合伙人。

华而不实的言语会带来苦恼和不安，对此，广告人是这么做的。他们认为自己可以撒谎，或者他们自称广告中的谎言是得到许可的，他们可以置诚实的道德规范于不顾。有些人辩解道，自己说谎完全是因为他关心别人的感受。为了周围的人，他乐意撒友善的谎。要是说话不能给别人带来快乐，那还不如不开口。总之，这些小说中所勾勒出的美国，充斥着各种假象、伪装、谎言、遮遮掩掩和假仁假义。这是块是非颠倒的、充满狂欢和荒诞的疆域，坑蒙拐骗和胡作非为主宰了一切。这些小说与其他反映欺诈的小说的本质区别，就在于欺骗这样的做法和习惯被提升到了意识形态的高度——欺骗成就了广告业。广告把握现代商业的命脉，是赚取巨额利润的万全之策。照这个思路，欺骗了公众却沾沾自喜也是合理的。巴特勒在把珀金斯塑造成广告业教皇的同时，也为这种基调奠定了基础。珀金斯是一位广告人，广告不仅仅是他的特长，更是他的生命、他的科学。无怪乎他总是有惊人之语。“人类没有广告将寸步难行，”他说，“广告是地球上最伟大的创造。它能统治一个国家，它能赢得公众的青睐，它还左右着你的命运。”

但广告人最厉害的武器，我称之为“完美的骗局”。珀金斯决定把自己的万能药推向市场时，就着手展开了一场“完美的骗局”。无论产品如何，产品的名字和广告口号必须响亮：“珀金斯膏药，透气性好，治疗病痛，迅速起效。”实际上膏药压根就是一个幌子。“管他什么膏药呢！只要广告好就行了。只要有好广告，我就能把铅弹当成肝肾药卖出去。”他打算先铺天盖地地四处做广告，等老百姓对自己的药品有了需求之后，再把商标卖给实力雄厚的专利药公司。没错，珀金斯的如意算盘开始并没有落空，他的膏药成了市场上炙手可热的产品，但没有公司愿意收购，于是他只好用捕蝇纸拼凑出一款新产品，又重新起了个名字，在全球各地兜售。货真价实的产品是不存在的，广告语的措辞、广告中的形象是否有创意，宣传是否到位，直接决定了完美骗局的成败。完美骗局体现了广告人宏伟的梦想，他们可以充分发挥广告的魔力，完全不用考虑客户需求或者产品究竟有多糟糕。

即便如此，小说针对的主要目标不是广告人或广告业，而是轻信的公众。骗子小说在美国文学的殿堂中首次引入了“被动的、驯顺的大众”这样荒诞的说法，而这种思路在之后围绕广告所展开的社会性对话中将反复出现。作者们时不时地提及消费者是多么好骗，国内如此，国外也一样。“你记得斯通利的描述吧，他说他在非洲蛮荒之地碰到了一个原住民部落，这些人身上一丝不挂，却贴着珀金斯的膏药。”珀金斯的合伙人自言自语道。“97%的群众是待宰的羔羊，只要有广告，就没有什么卖不出去的东西。”没主见的人到处都是，“每分钟都有这样的人出生，我又有何办法。”这些俏皮话意味着美国群众应该承担道义上的责任，因为他们居然蠢到相信虚假广告，广告之所以能大获成功，都是他们的错。阿妮塔·卢斯是默片《他的照片上报了》幕间旁白的撰写者，在电影的一开始就告诫观众：“无论如何，广告宣传已经成了美国群众最热衷的事情。”这些小说真正讽刺的是美国人的愚昧和轻信，无论贫富，不论职业。买卖的原则是买主购物自行小心，概不退换。你被骗是你自己的责任。但小说对美国商业的批判并不犀利，作者们认为广告人的谎言与消费者的轻信确实带来了影响，但后果并不严重。最后，连真话偏执狂安·奈尔都改变了立场：“如果能帮到周边人的话，撒几句谎又何妨呢？”这些小说中的骗子是流氓和浑蛋，但还算不上是能控制人思想的斯文加利[1]。

骗子小说所塑造的广告人形象，折射出一种畸形的实用主义思想，而这种思想在20世纪初的美国风靡一时。这种哲学观过度强调人的作用，认为他们可以决定事件的进程和走向。这种思想非常顺应那个时代的整体氛围，焦虑、活力、重塑美国的决心这三种情绪糅合在一起。哈佛大学著名的哲学家威廉·詹姆斯[2]曾经详细论述过实用主义。他强调，世间没有绝对的真理，真理也不具有本质特性，它是可以帮助实现某个具体目标的有效工具。“真理，简而言之，不过是为了方便人类思考才有的产物。”詹姆斯论述道。经验证明，真理得具有实际效用。“正如健康、财富和力量的概念是人类在经验的基础上创造出来的，真理的概念也一样。”这就意味着，真理的概念是弹性的，而不是固定的、静止的，如果人们对现实的看法发生了变化，那么真理的定义也会随之改变。要是詹姆斯知道自己有关真理的观点居然会被骗子们用来解释和维护他们的欺诈行为，一定会大惊失色。

---

1 斯文加利，英国作家乔治·杜·莫里耶（George Du Maurier）的小说《软帽子》（*Trilby*）中的人物，今天常用来比喻精神上的控制者。

2 威廉·詹姆斯（William James，1842—1910），美国心理学家和哲学家，美国机能主义心理学和实用主义哲学的先驱，美国心理学会的创始人之一。1875年，建立美国第一个心理学实验室。1904年当选为美国心理学会主席，1906年当选为美国国家科学院院士。

广告人的骗局看起来松散，实则不然。它们的内核基本相同：有一个人，他可能是一个爱恶作剧的家伙，也可能是一个江湖郎中或者广告商，他试图欺骗轻信的大众，以从中赚取利润；最重要的是，他斤斤计较，敢于冒险，他能洞悉人性，对人的弱点和情感了然于心。描写广告人的书千差万别，有的书就是一部蒙羞受辱史，比如巴纳姆就受到了激烈的道德抨击；有的书更糟糕，着重强调广告人的危害，比如亚当斯深挖黑料就起到了推波助澜的作用。第三类书看起来是部喜剧，本质上则是荒诞故事，这也就是多数骗子小说的特点。骗子小说通常都能反映出一个时代的道德水平，而骗子的成功不仅象征着社会的紊乱，也是一种警醒。他们的诈骗之所以能成功，乃是公众缺乏智慧、不愿意探寻真理之缘故。广告人的困境已经在社会性对话中出现，但并不多见，也没有人清晰、明确地提出这个主题。

02 PART

第二部分 崛起

广告人，他们年轻有为、相貌堂堂、衣着光鲜、发型精致、皮鞋锃亮。他们很清楚自己在美国商业中的显赫地位，因此像道格拉斯·范朋克一般自鸣得意。他们知道自己是美国最受尊崇的行业的基石，并且毫不掩饰自己的骄傲之情……

——S.N.贝尔曼

就在第一次世界大战刚刚结束时，剧作家S.N.贝尔曼写了一篇诙谐的文章，他断言，宣传既是当今最盛行的哲学，也是一个有魔力的词。1923年，英国人西莱尔·贝洛克来到美国，一针见血地指出，美国社会精神的根本就是宣传和商业精神。没过十年，又有位法国人乔治·杜哈曼到访美国，他的言辞更加犀利，他痛斥广告在美国四处泛滥的怪象，尤其是在夜幕降临之后，五花八门的广告带来了令人眼花缭乱的灯光、嘈杂和吵闹，让人头脑昏沉，茫然失措。这股广告浪潮，叫它“骚动”也好，“入侵”也好，“混乱”也好，遭到了国内外的抨击，它不仅在美国国内的舆论中反复出现，也出现在国际社会对于美国的批判中。每个时代，作家都抨击广告的喧嚣比前一个时代更严重。

从20世纪初到经济大萧条之前，广告业蓬勃发展。据估计，在这30年间，各类媒体的广告成交总金额从1900年的大约五亿美元飙升到1929年的34亿美元。这是因为美国的商业公司不仅欣然接受广告，还把广告视作市场营销和市场宣传的常规手段和重要手段。根据美国统计局的数据，1930年，美国的广告人和广告销售有四万人。到了19世纪20年代末，公共关系顾问也加入到了广告行业。广告业的突飞猛进触发了文化的连锁反应，涌现了一系列反映大众广告并刻画广告人形象的小说，他们有时被塑造成专业人士，有时被刻画为英雄，有时则为反派人物。

1. “一战”机遇

美国加入第一次世界大战，这似乎为广告业提供了一个绝佳的机会，它不仅能强化广告业的正当性，也能帮助广告业博得一个忠于事实的好名声。

在现代社会逐渐占优势的真理政权，实际上是一种意见相对立的体系，尽管科学和事实更有优势，但对立的声音总是存在。福柯认为，重要的是真理产生的过程，要去推敲真与假的判断以及赋予真理特殊的权力，凭借的是什么准则。真理和权力是紧密联系的。大学、媒体、教会以及政府机关这样的机构构建了真理政权。特别是在公众领域，真理的博弈一刻都没有停止，意见相左的两方互不相让，争相表明自己的观点——事实是什么，正确的价值观应该是怎样的，人生应该如何安排才算合理。围绕着“真理由谁来掌握”这个关键点，产生了一系列问题和争论，例如，谁有资格道出真理？如果某人是真理的掌握者，那么他的道德水平、伦理水平还有精神修为应该达到怎样的境界？哪方面的真理更重要？[1]如此一来，一张“官方名单”就显得不可或缺，比如，真理应该掌握在某领域的科学家或是研究道德的宗教领袖手中，因为只有拥有公信力，才能引导公众的行

1　引自福柯《无畏的演讲》（*Fearless Speech*）。

为。但列出这样的名单几乎是不可能完成的任务，而这项不可能完成的任务将持续影响着广告人的发展历程。

1900年之后不久，广告人试图把自己的名字也添到名单里去，也想给美国人的生活方式提点建议。广告业的领军人物和代言人认为，如果能让广告变得真实可信，那么其作为说服工具的效用必然有所增强。业内具有改革精神的、叱咤风云的人物同样认为，这个目标对于行业转型至关重要，只有这样，广告业才能像医疗业或者法律行业一样受人尊重。既然想实现这个目标，那就必须对虚假宣传等欺诈行为的人痛下狠手，因为他们的存在破坏了蓬勃发展的广告业和这个新生职业的声誉。于是，“做广告，说真话”运动应运而生。

1905年，新成立的美国联合广告同盟（ACCA，后来叫“世界联合广告同盟”，最后又改名为“美国广告联合会”）举起了打假的大旗。ACCA是行业组织，会员不仅包括广告人，还包括出版社和广告公司的代表，用某个领导人的话来说，这些人因为共同的目标走到了一起，那就是“清理门户”。这项运动如暴风骤雨般，不仅表达了对说真话的强烈诉求，颁布了行业行为规范，最后还出版了标准章程（1911年），以期能彻底禁止诈骗类广告，并且成立了监察机构（后来被称为“商业优化局”）来监管广告商的行为。1912年，ACCA用新口号“我们的世界，真实的世界”取代了原口号“我们的世界，宣传的世界”，标志是一个球体，上面刻着“真实”字样，一个圆圈环绕在字的周围。这项运动既有行业内的自发管理，也有政府的参与，自1914年美国联邦贸易委员会成立之后，政府对广告业的关注也越来越多。这项运动一直持续到20世纪20年代，甚至到了20世纪30年代还留有余威，主要打击从事专利药售卖、石油股票的炒卖、投机商号、电话推销证券、赛马情报买卖，以及推销新发明、土地、矿山、证券和墓地的人。

美国加入第一次世界大战，这似乎为广告业提供了一个绝佳的机会，它不仅能强化广告业的正当性，也能帮助广告业博得一个忠于事实的好名声。经济大萧条两年后，某个曾经显赫一时的政府官员写了本书，在书中他极力夸赞广告人的种种好处，比如，广告人厥功至伟，最重要的是他们还有强烈的爱国情怀。这本书具有很多启示意义，它预示着一种新的专业人士——游说专家，出现在公众视野，也预示着他们在现代化进程中将起到关键作用。这本书的作者是乔治·格里尔（George Creel），他是公共信息委员会（简称CPI）的前任长官，CPI曾经是美国广告宣传的主要管理部门。1919年4月，美国参战，当时美国国内不同区域之间存在敌对情绪，不同阶级相互仇恨，还有种族纷争，以上种种因素造成了显著的分裂，政府担心会出现严重的社会动荡，于是伍德罗·威尔逊总统及他的幕僚决定成立一个新的机构，这个机构不仅能迅速消除民众的怀疑和不满，还可以调动国民对战争的热情——于是CPI诞生了。CPI承担的事务越来越多，比如，新闻界的管理，甚至掌管了武器的销售，他们不仅把武器卖给自己的盟国，也卖给敌国。CPI宣传运动的成功有目共睹，这给政客、商人以及广告界人士带来了巨大的启发，并且极大地影响了第一次世界大战后美国广告业和公共关系行业的发展进程。

彼时的格里尔四十出头，是一名热情洋溢、精力充沛又咄咄逼人的记者，也是个脸皮薄、动不动就较真的狂热分子，批评起政府机构来尖酸刻薄，至少多数时候如此，但他对民主党人及威尔逊总统却忠心耿耿。“一战”爆发前，他还是一名耙粪记者，浑身散发着正义感，写新闻稿，编辑文章，支持改革。他不仅不信任大企业，还参与了纪实报道，揭露大企业雇佣童工一事，但该报道并没有像塞缪尔·霍普金斯·亚当斯的报道那样既具知名度又具重大历史意义。格里尔早先就是威尔逊总统的狂热支持者，据传1906年他还鼓动威尔逊参加总统竞选。1912年和1916年的大选中，格里尔忙前忙后为威尔逊出了不少力。因为非常反感政府机构，起初他婉拒了来自首都华盛顿的任职邀请。但当战争进入紧急状态之后，他的立场也随之改变了。国难当头，格里尔迫不及待地想为国家、为他的总统做些事情。他甚至希望能早日实现自己的自由主义目标，把支持战争的改革方案付诸行动，尽管最终他的希望都化为了泡影。

《我们如何宣传美国》是一本描写CPI的职责、在国内外的工作业绩以及工作人员的通俗作品。这本书并不是很畅销，但毫无疑问，它开了历史之先河。该书长达466页，总共分为三部分，每部分篇幅不一，关于在美国国内工作的内容最多，其次是国外的工作，最短的是战后的有关情况，每一部分还都有附录。整本书几乎就是人物介绍加上他们的工作目录，读起来枯燥无味。通过这本书，格里尔把该机构各个部门的工作概述了一遍，到“一战”结束前，CPI确实承担了很多职能。但他还有另外两个目的：一个是清算旧账，把过去他和CPI受到的诋毁和批评、被人指责编造谎言的事情统统翻出来讲了一遍，为自己寻求公正待遇；另外一个目的，就是要往CPI的有关人员脸上贴金。对自己的上级，他绝不吝啬溢美之词。首先夸奖的自然是威尔逊总统。对下级，格里尔也赞不绝口。看起来格里尔的手下个个都精明能干，富于正义感和爱国主义精神，能确保机构的工作顺利完成。

成功是这本书的首要主旨。他极力渲染威尔逊总统所面临的问题是多么紧迫：首先，总统得提防各种各样的敌人——怀疑战争、反对战争的反战主义分子和孤立主义分子，工人阶级中的好斗分子，接着还得防范本土主义分子或者美国化分子，以及试图惩罚和打压正当异见的军国主义者和保守分子。格里尔勾勒出了一幅图景：构建一个庞大的宣传体系，覆盖全世界范围，由美国运作，有强大的资金支持。这个体系一定能让敌人闻风丧胆。格里尔指出，CPI是美国特有的发明创新，比欧洲的那些盟友国家所使用的分级制度和宣传方法要好得多，也更高效。CPI已经找到了左右公众意见，从而让全国人民团结起来（或者至少大部分美国人团结起来）的正确方法，这个方法和威尔逊总统的看法是一致的。总之，该机构让美国人达成了共识。同样重要的是，CPI也改变了世界范围内群众的看法，以前被人误解的美国，现在成了世界上最受人喜爱的国家之一。

公共话语中的自由真理是“一战”前美国的改革派关注的问题，格里尔清楚地看到了这一点。改革派认为公众应该遵从政府的规定，但不应该强迫公众，而应教化。他们也强调事实和理性的诉求，而非情感诉求。要为公众提供足够多的真实信息，去说服公众相信战争政策的好处有很多，它是合乎理性的明智之策。格里尔在另外一个场合把CPI称为“真理之屋”，他不是在开玩笑，他是认真的。

CPI不是审查机构，也不是打压或掩盖真相的机构。从始至终，它所看重的是公开性和正面性。它从未依照那些限制言论自由和出版自由的战时法律行使职权。但CPI是个彻头彻尾的宣传机构，是个致力于游说的大单位，是广告宣传业的一次大胆尝试。CPI独辟蹊径，苦心孤诣地钻研宣传方法，格里尔在书中满心欢喜地描写：它为各种形式的广告平台——电影、海报、公告牌、橱窗、宣传册、展览和展销会、喇叭、讲座和幻灯片、会议、动画片、报纸等提供资金，甚至连广播和信件都用上了，还安排民众在国内外参观。CPI的终极目标是要用大量的信息包围民众，从而使公民得到教化，遵从国家的规定，同时也调动公民的积极性，无论是支持战争，还是其他国家政策，比如，支持各种各样的爱国公债。CPI在第一次世界大战之前的运动是一种治理模式——生命政治的体现，统治者的官方看法得到了最大程度的传播，CPI这么做就是为了把战时爱国主义精神变成真理，并且要让老百姓对这个真理心服口服。

格里尔宣称CPI是“真理之家”，最后爱国债券问题让批评者和后来的历史学家戳穿了他的谎言。格里尔言之凿凿，一定会把所有的真相公之于众，绝不隐瞒负面信息，也不会妖魔化敌军，煽动群众。“反对CPI的人多半是因为我们不会宣扬仇恨。”他骄傲地断言。起初CPI的报道和新闻或许的确能做到客观公正，但CPI所制作的宣传册和出版发行的书籍却并非如此。随着时间的推进，偏见越来越明显，因为CPI响应了不断升级的战争狂热分子的癫狂。CPI所赞助的图片广告更直接地揭示了它操控大众的罪行，比如，爱国债券的海报。CPI的海报塑造出理想化的美国形象——士兵、母亲、自由，而海报中的“德国佬”则面目狰狞，一旦被“德国佬”俘虏，处境极为凄惨。这些海报形象，有的非常深入人心，但无一例外，它们没有出现在《我们如何宣传美国》一书中，尽管该书含有很多CPI领导人的图片。格里尔不仅在图片上大做文章，也没有放过事实和真相。他的手腕如此高明，给社会带来的影响如此之大，让后来的局外人为之愤慨，引起了批评者尤其是自由主义者的极端不满。约翰·杜威（John Dewey）本来满心期待，以为这场战争能让改革恢复生机，后来他遣责这场战争引发了“非理性的狂热”“有人用心险恶……让这股激情的力量背离了初衷”，但格里尔是无论如何也不会承认自己的过错的。

格里尔在整本书中强调系统和结构、规划和技巧以及媒体和媒体的感染力的重要性，强调应该利用专家和专业人才来进行宣传，从而制造出正面的公众舆论。他指出，CPI的首要任务之一就是要让华盛顿混乱无序的宣传工作恢复秩序，提高宣传工作的效率。他详尽地揭示了自己以及自己所领导的机构如何对政府的需求和国外的情况迅速做出反应，证实自己有随需应变的能力。他对CPI节约行政成本的做法推崇备至，书中还列出了一系列的财政预算，证明CPI所用的公共资金并不多，不仅如此，他们还能从自己拍摄的影片中挣回不少钱。他声称CPI甚至还上交了财政部两百万美元。最重要的是，格里尔向大家表明，他兢兢业业，独具慧眼，发掘人才，为美国的宣传工作效力。

格里尔带到华盛顿的专家和专业人才，在和平时期就是记者、作家、插画家、艺术家、教授、广告员或者公共关系人员——无一例外，他们都是文化行业的。格里尔也吸引了不少青年人才，特别值得一提的是布鲁斯·巴顿[1]和爱德华·伯奈斯[2]，这两位青年才俊在十年之后成为广告业声名显赫的人物。巴顿是

1 布鲁斯·巴顿（Bruce Barton，1886—1967），BBDO广告公司的缔造者。

2 爱德华·伯奈斯（1881—1995），公关与宣传行业的先驱人物，被誉为“公关之父”。

技艺高超的广告人，而伯奈斯是公共关系领域的大师。正是靠着这群人物，格里尔才能把所谓基于理性并且与进步主义运动原则相一致的宣传活动展开。

格里尔的左膀右臂们多半是男性，他们属于“专业管理阶层”（Professional Managerial Class，简称PMC）[1]，当时在美国的城市中，这一阶层正在飞速壮大。这个说法最先是由芭芭拉·埃伦赖希与约翰·埃伦赖希所提出的，夫妻二人既是学者，也是社会激进派。这一阶层通常是由不同职业的专业人才构成的，他们游离于小型零售商、个体经营户与殷实的农场主范围之外，即所谓的旧中产阶级核心圈之外，尽管他们的收入跟中产阶级中上层其实差不多。这些新兴的专业人才及经理人在资本和劳动力之间穿梭。套用马克思主义的术语（这么说很合适，因为这个阶层就是从马克思主义学说中产生的），他们既不是寻常意义上的统治者，也不是工人阶级，也不属于小资产阶级。他们并不拥有生产手段，但在社会分工中，他们经常需要控制或者帮助生产过程中的操作。把他们归为替别人打工的脑力工作者最合适不过，他们的老板既可能是大公司、政府，也可能是大学，他们既然拿了钱，就得为这些大型组织提供服务和指导。这些经理人和专业人士拥有（或者自称拥有）文化资本（例如：知识、专业技能），

1　埃伦赖希夫妇在*The Professional Managerial Class*一书中提出该说法。

通常受过大学教育的人才能获得这样的资本，也正是这些资本让他们具有社会价值和经济价值。PMC阶层从事的都并不都是新兴职业，也包括律师、医生和工程师等传统职业。它也包括各个层次的技术性人才，甚至是科学家，他们有能力构思与管理20世纪日益复杂的现代生活体系。文化生产者只是PMC的一部分，从从业人数的角度来看，文化生产者是新兴的职业群体，他们要么在迅猛发展的大众传媒业工作，要么供职于产业周边，也有人服务于快速发展的教育机构和福利机构。埃伦赖希夫妇还总结了部分行业的人数增长，据他们统计，1900年PMC约有十七点五万人，1920年有将近七十五万人，而到了1930年居然超过了一百万人。但当时美国的非农业劳动力人口大约有三千八百四十万人，跟这个数字相比，PMC所占的比例（大约3.1%）并不算高。

PMC不仅是资本的，也是劳动力的潜在竞争对手。经理人对秩序、理性、高效、经济，以及和谐等理念非常认同，因此，跟真正的资本家相比，他们更容易掌握生产方式。按照埃伦赖希夫妇的说法，PMC是以推动美国现代化为目的的进步主义运动的最大赢家，这就使得专业人才与烦冗的商业规则之间发生了冲突。但实际上PMC又经常和资本家站在一起，管理劳动者，尽管那时候的资本家对待劳动力已经比之前某些恶名在外、靠剥削致富的商业大亨要手下留情许多，甚至仁慈得多。事实上，埃伦赖希夫妇认为PMC的首要任务是社会再制，也就是维护资本主义文化和阶级关系。另外，对于尊重和物质富足的渴望，使得专业人才和经理人担心自己的社会地位不保，不得不出卖自己的正直和诚信。研究文学的学者迈克尔·奥茨伯格认为，辛克莱·刘易斯在20世纪20年代所创作的小说之所以能大获成功，就是因为作者巧妙地捕捉到了这种焦虑。与刘易斯对话的是这样一个阶层，他们既害怕丧失自主权，又不愿意与日新月异的商业同流合污。

以上种种，说明了广告人的希望与难处。从某些方面来讲，广告与宣传人才处在专业人才与管理人圈子的外围。广告人毫无疑问都是新生力量，因为那会儿广告文案与艺术指导并不多见，直到20世纪的头十年，广告公司的文案与艺术指导才慢慢多起来。尽管在第一次世界大战之前就有新闻广告员，但公共关系顾问到了20世纪20年代早期才出现，“公共关系顾问”这个叫法是爱德华·伯奈斯最先提出来的。跟法律行业和医疗行业不同，广告人就算是大学毕业生，从事的也不是与专业对口的工作。1900年之后，大学里有了新闻专业与商科，但他们甚至不能决定这些专业的广告课程的风格和内容。广告人与工程师更为相似，他们的生计更依赖资本。显然，他们的确进行了社会再制，有些广告人与客户走得更近，而不是与同行走得更近，因为同行永远是竞争对手，这也是广告业很难有凝聚力的原因之一。而且，在外行人眼里，他们创造出来的东西无非就是文字和图像，并无过人之处。

对广告人来说，战争是一个展现道德价值和社会价值的机会。1918年，威廉·达美高（William D'Arcy）在行业年会上告诉自己的同行们，广告业在战争期间取得了令人瞩目的成就，凸显了广告的关键性作用以及广告为国家和人民做出的巨大贡献。达美高参与了CPI的工作，他当时是世界广告公司联合会的主席。他认为广告业对国家来说至关重要，甚至与国会的重要性不相上下。格里尔当然意识到了其中的严肃性。"一战"爆发前，他声称人们觉得做广告不过就是做生意，没把它当成一种严肃的职业，并且就算老百姓没把广告人看作巧舌如簧的二道贩子或者精装版的推销员，多数人心里也满腹狐疑。在格里尔还是一名革新主义派记者的时候，他公开发表过观点，把广告公司的广告宣传污蔑成对民主的威胁。但等到去了CPI之后，他可不是这么宣传的。第二次爱国债券运动为广告业提供了正当的理由，让公众承认它是一种严肃的职业，是政府系统中功勋卓著、不可或缺的一部分。广告人的满腔热情和爱国精神，正体现出他们的尊严和高贵。

2. 名利双收

广告人在文化与经济两个领域游走，这些作品认为广告人是文明的开化者、商人的盟友、广告业的发动机以及值得消费者信赖的朋友。

从1900年开始，广告业从业者、记者，甚至一些学者纷纷著书立说，表达对广告人的欣赏，与之前一些小说中所塑造的广告人形象相比，他们对广告人的看法可谓大相径庭。这些作品对广告人大为赞赏，最夸张的是，他们居然把广告人美化为美国现代化传奇中的英雄，认为他们属于推进了商业和国家发展进程的精英群体。这些作品形式不一，有教科书，有评论文章，也有回忆录，满足了飞速发展的广告业、商界，以及广大群众的好奇心。它们想告诉公众，广告业是个正儿八经的行业，不仅跟法律行业和医疗行业一样值得尊重，也为商业成功与国民幸福做出了至关重要的贡献。广告人在文化与经济两个领域游走，这些作品认为广告人是文明的开化者、商人的盟友、广告业的发动机以及值得消费者信赖的朋友。

本书重点关注那个年代最杰出的广告撰稿人的作品，及克劳德·霍普金斯与欧内斯特·埃尔莫·卡尔金斯的作品，以及被世人称为“公共关系之父”的爱德华·伯奈斯的作品，其他作品只作为背景参考。这几位人物之所以在广告行业叱咤风云，被尊为贤者，是因为他们功勋卓著，都留下了为行业辩护和正名的作品。尽管在20世纪20年代，霍普金斯和卡尔金斯在业内的地位更高，但伯奈斯的观点最具有争议性，在后世的名气也更大。他们三个都属于专业管理阶层，但只有伯奈斯完完全全地体现出了这一社会阶层的精神风貌。他们共同记载了美国的进步，他们笔下的广告人是美国现代化传奇故事中的核心角色。

毫无疑问，他们因为会讲故事而为人所称道。他们文采斐然，文字具有煽动力和说服力，而这是广告人最为神秘、最杰出的成就。更关键的是，霍普金斯和卡尔金斯的作品在那个年代非常受欢迎，前者的著作至今还被奉为经典。究竟应该如何做广告，两人的看法截然相反，一个支持“硬推销”，一个支持“软推销”。有证据表明，他俩互相瞧不起对方的作品，无论是广告作品还是著作。对于广告和广告人的问题，两个人的根本看法也相去甚远，十分有趣。

霍普金斯吹嘘自己在效益好的年头的收入是天文数字，他所供职的罗德与托马斯广告公司有一年付给了他十八点五万美元的佣金。这是他职业成就的证明，而这个职业以拜金主义而远近闻名，后来有新闻报道他高超的广告技巧时，把这个天文数字也写了进去。因此，人们都以为广告人的收入非常高，比那些严肃正经的职业还要高，这是公众对广告业好奇的原因之一。霍普金斯出生于密歇根小镇上一个虔诚的宗教家庭，家庭成员中既有神职人员，也有记者（他的父亲经营了一家报馆）。他没上过正规的大学，并且对大学教育充满了质疑。伴随着他成长的宗教给他留下了深刻的影响，他的思维独断、教条，同时又极为看重职业道德。19世纪80年代，他加入了比赛尔地毯清洁器公司（Bissell Carpet Sweeper Company），自此开始了广告生涯。在比赛尔公司供职期间，他因为提出了一些效果卓著的市场营销策略而声名鹊起。几年过后，他把声名狼藉的药物“利克宗”（Liquozone）推向了市场（他确实也想赚钱），并发了一笔大财，不过耙粪记者塞缪尔·霍普金斯·亚当斯认为他并没有参与欺诈。接着在四十一岁那年，他加盟了一家正在崛起的芝加哥广告公司——“罗德与托马斯”（Lord & Thomas），成为一名广告文案，他为棕榄肥皂（Palmolive Soap）、桂格麦片（Quaker cereals）、白速得牙膏（Pepsodent toothpaste）等众多美国品牌创作广告，成了行业里的明星，声誉也到达了顶峰。霍普金斯的广告文案强劲有力，注重实效，同一句话会反复出现，并且看起来非常合乎逻辑，再加上一个朗朗上口的口号，这就是他的拿手好戏。他的广告极具说服力，让消费者难以抗拒，后世的广告人如此评价——他“独特的推销手段”让犹豫不决的老百姓乖乖地从口袋里把钱掏出来。他的广告谈不上艺术性，甚至有些啰唆，但毫无疑问，它们的效果好极了，至少同时代的人是这么认为的。后来哥伦比亚大学的吴修铭教授形容他是“现代的炼金术士”，因为他有能耐把白菜卖出黄金的价格。吴教授提出了“需求工程学”这个说法，而霍普金斯就是需求工程学的大师。“需求工程学”是指广告让公众知晓商品可以帮助他们解决生活中的问题，包括那些原来大家都没当回事儿的问题（比如口臭或者牙菌斑），从而创造出需求。在霍普金斯与老板艾伯特·拉斯克的共同努力下，“罗德与托马斯”公司跻身美国一流的广告公司之列，有时其营业额甚至位列榜首。拉斯克离开公司去华盛顿工作期间，霍普金斯接替他管理整个公司，但这却让霍普金斯十分懊丧，因为他撰写广告文案的收入大幅减少了。拉斯克回来后，他的心情也并未好转多少，大约在1924年从该公司退休，但仍然接些广告的活。从19世纪90年代早期涉足广告业到退休，霍普金斯的工作几乎没有间断过，他非常勤勉、努力，工作、写文案、挣钱就是他的人生乐趣。

霍普金斯一生忙忙碌碌，直到晚年才有闲暇著书立说，回顾自己的职业生涯。1923年，霍普金斯写下了《科学的广告》（*Scientific Advertising*），在该书中，针对广告应该具备哪些特点这个问题，他强有力地表达了自己的观点（因为这本书，拉斯克给霍普金斯开了张一万美元的支票）。关于如何做广告才能有实效、做广告应该遵循什么样的准则，在这本总共才一百多页的小书中，霍普金斯都做了阐发。四年之后，霍普金斯从广告业光荣退休，他以连载的形式发表了《我的广告生涯》（*My Life in Advertising*），这本书看似一部自传，但实际上是一个励志故事，讲述了他是如何功成名就的。霍普金斯的作品，特别是《科学的广告》一书，被奉为行业经典，后世的一些广告大师，比如罗瑟·瑞夫斯与大卫·奥格威，非常推崇这本书，它还是广告人的"必读书目"。2011年，这两本书都有了Kindle电子版，进一步证实了它们的经久不衰。

欧内斯特·埃尔莫·卡尔金斯靠着做广告也赚了很多钱，但他在自传中着墨更多的是自己所获得的奖项，他于1926年获得

“哈佛广告奖”，这个奖项专门颁发给那些既富有创意又能体现广告行业高水准的个人。这反映出广告人的某种执念——渴望得到认可。正是这个缘故，才会产生各色各样的奖励体系。真正的问题是，广告构思再巧妙，一般老百姓也压根不知道是谁创作的。正如汽车广告大师西奥多·麦克马纳斯的书的前言部分所说，麦克马纳斯是汽车广告业里最卓越的人才，有时候还被看作是“最伟大的广告人”，但圈外人对他几乎一无所知。卡尔金斯出生在伊利诺伊州的一个小镇上，父亲是律师。六岁那年，他患了麻疹，另外，由于家族遗传，他的听力受损——久而久之，照卡尔金斯本人的说法，自己成了听不见的“聋子”。这给小卡尔金斯带来了巨大的冲击，乃至改变了他人生的走向，他只好通过各种各样的书籍、报刊等印刷品来了解世界，最后通过艺术找到了慰藉。他一头扎进了弥尔顿、拉斯金等人的各种形式的文学著作中，从中收获的知识是他后半生的无价之宝。他从正规大学毕业之后，找工作四处碰壁，最后在纽约的查尔斯·奥斯汀·贝茨广告公司找了一份广告文案的工作。他的才华和特长终于有了用武之地，他说：“就像修道院里的僧侣，我忘记了世俗的世界，终于得到了救赎。”也正是在这家公司，他找到了跟自己惺惺相惜的人——拉尔夫·霍尔登，霍尔登自信心十足，善于交际，1902年，他们共同创办了“卡尔金斯与霍尔登”（Calkins & Holden），它是第一批现代广告公司之一，为客户提供全方位的服务，包括市场调查、广告文案、艺术设计以及广告的投放。卡尔金斯特别注重广告的设计和艺术。他吹嘘他们公司艺术部门的作品，是对手们竞相仿效的典范，这在吸引眼球的同时，还撩拨起了消费者的兴趣。他们通力合作，为力量牌麦片（广告形象“阳光男孩吉姆”）、拉克瓦纳铁路公司（广告人物“菲比·斯诺”）、箭牌衬衣、皮尔斯·箭头的银剑牌汽车，甚至托马斯·爱迪生的实验室做广告。霍普金斯推广的品牌多半是大众亲民的品牌，与他不同的是，卡尔金斯推广的是面向中产阶级的中高端产品。卡尔金斯和霍尔登是品牌形象广告的先驱人物，这种广告的目的就是要给品牌定位，不着急立刻把产品销售出去，而是通过建立良好的品牌形象，让它深入人心。吴修铭教授认为，这种创立品牌形象的方法等同于“信誉工程”，这种投资着眼于长远的未来，一旦成功，将会带来丰厚的回报。“卡尔金斯与霍尔登”公司从未跻身过美国一流的广告公司之列，但它却备受尊崇，被视为那个年代最富有创造力的公司之一。1931年，卡尔金斯从该公司退休，一是因为霍尔登的离世（1926年去世），二是因为广播广告的出现——作为一名失聪人士，卡尔金斯是永远也不可能驾驭广播广告的。

与霍普金斯相比，卡尔金斯给后人留下的有关广告的著作更多。早先，他就和霍尔登一起出版了广告学的第一本教材——《现代广告》（*Modern Advertising*，1905年出版，1916年再版）。卡尔金斯后来对这本书进行了修订和更新，出版时更名为《广告之要务》（*The Business of Advertising*，1915年），接着又写了入门书籍《广告人》（*The Advertising Man*，1922），他通过一系列职业性的文章，把广告行业的本质特点和基本要求介绍给有志于该行业的男男女女。除此以外，还有其他很多。

基本上所有关于广告业的书籍都认可一个不争的事实——受巴纳姆和江湖药贩的影响，广告曾经声名狼藉，“人人喊打”。弗兰克·普锐斯比著有《广告的历史与发展》（*The History and Development of Advertising*）一书。他告诉世人，广告的历史非常悠久，可以追溯到古罗马，作者还用了相当的篇幅哀叹19世纪晚期及20世纪早期民众对于广告的愤懑和不满，让广告业蒙受羞辱。相比而言，卡尔金斯对于形形色色的骗子让“广告沦为娼妓”这点则深感痛心，对那些利用广告来伤害群众，“见利忘义又冷血”的江湖医生尤其痛恨。即使是靠宣传专利药“利克宗”而发了财的霍普金斯后来也承认，他绝不会再与那样的“魔鬼”为伍，也不会再用那样卑劣的宣传手段。巴纳姆与江湖郎中阻碍了广告的发展，也给这个职业留下了污点——商人们也觉得这一行为卑鄙、奸诈，令人憎恶。

没有人愿意为可悲的过去驻足停留。这些著书立说的广告人一方面大方地承认过去的错误，一方面大谈广告业如何革新与进步，如何旧貌换新颜。这也是第一部广告人回忆录——《乔治·罗厄尔回忆录》（*George Presbury Rowell, Forty Years an Advertising Agent 1865—1905*）的主题之一，他劳心费力地为自己所从事的行当正名。下一代广告人所要完成的任务还多了一件事：让广告成为一门科学。很显然，考虑到当时广告业的名声，这个目标显得有些遥不可及，更何况在心存疑虑的商人们看来，做广告简直就是浪费钱。任何能称得上是科学的东西，都应该是某种真理。“科学”指的是一套规则、一个完整的分析体系，它们能够把杂乱无章的现实变得井然有序。与罗厄尔所生活的时代不同的是，这时的广告人不单单负责广告的投放，也负责广告的筹备、文案的撰写以及广告形象的遴选，以此来打动群众、卖出产品。这就意味着广告制作人的工作得涉足文化领域，如此一来，相关的行业指南、行业法则乃至行业法律亟待出台，以确保广告人知道，在广告中，什么样的语言是合适的，什么样的形象是有利的。几乎所有作者都认为自己找到了答案。W.D.斯科特在《广告心理学》一书中具体分析了什么才是成功说服消费者的制胜法宝。在它之后，涌现出大批的同类书籍，有的作者是老师，有的是广告业人士，它们告诉读者推销产品的技巧和法则，虽然它们的“法则”不尽相同。比如很有名气但骄傲自大的西奥多·麦克马纳斯，在书中的某一章，他把自己所提出的一整套法则称为“麦克马纳斯广告法”或者“麦克马纳斯广告技术”。这个称呼也不无道理。西奥多·麦克马纳斯倡导软推销，即感性推销，他为凯迪拉克所写的广告——《出人头地的代价》（1915），是那个时代最负盛名的广告之一，这则广告充满了世俗说教的意味，通过建议和情感联想的方法，强化了凯迪拉克品牌汽车的领导地位。

通过麦克马纳斯推销法来实现目标，符合霍普金斯心目中科学广告的定义。霍普金斯声称，能够合理利用广告是应用科学的一种，它是建立在心理学与经验之上的。“它以固定的法则为基础，并且相当准确。”“如果人们对广告有更深层次的认识，就可以分析其因果。我们已经证实并且确立了正确的操作步骤。我们知道怎样可以取得最好的效果，并且我们的行为有基本法则的指引。”[1]他这么写是因为当时美国规模大的广告公司精心策划的广告项目都是全国性的品牌。他们要研究公司，研究产品，研究消费者，当然，首先要研究广告。霍普金斯的模式是邮购广告，邮购广告其实就是当年专利药广告的传承。文字朴实简单（绝对不能用华丽的辞藻），态度诚恳（绝对不能轻浮），清晰易懂（绝对不能花言巧语），并附上优惠券等实实在在的东西，这都是邮购广告必须注意的事项，只有这样才能调动消费者的积极性。霍普金斯告诫道：“凡事都应遵循过犹不及，广告也一样。过于漂亮的文案也有弊端，消费者会察觉你的用心。”“一旦消费者察觉到你在推销东西，就会产生逆反心理。文字广告的销售技巧与当面销售的技巧完全一样。矫饰的文字是一种障碍。任何把消费者注意力从产品上转移开的东西，都会弱化广告给消费者留下的印象。”他大力宣扬定调广告的好处，某种特定风格的广告会引起相应的受众反应，这样就可以确定什么样的广告语言和

1　引自霍普金斯《科学的广告》。

广告形象能达到最好的宣传效果。广告人把美国变成了一个巨大的实验室，他们不停地做实验，以确保广告既省钱，又能取得市场效果，花最少的钱，办最多的事。对商人而言，请人做广告不再是赌博，也不再是冒险。

与霍普金斯相比，卡尔金斯仿佛没那么笃定，当然也没那么教条。他更认同想象力和美学的价值，他认为，创造不能那么死板，也不能一蹴而就，广告创作跟其他行业的工作不一样。比如，卡尔金斯在书里告诉读者，他是如何从读过的寓言故事和圣经故事、从小镇的生活经历中汲取营养，创作出早期广告作品的。他在自传中既谈及自己的成功，也讲到了失败。他和霍尔登认为，没人能真正地预见一则广告的实际效果如何。据他观察，广告真正的功能是让大众对广告中的产品产生好感，这与霍普金斯强调广告销售功能的观点相去甚远。即便如此，他仍然主张成功的广告必须以统计研究、有规范的创意以及对人性法则的了解这三点为支撑，他说："跟医学一样，广告是一门实验科学，因此都是有规律可循的。"卡尔金斯尤为看重好的设计，他认为一个人的艺术知识，包括对现代艺术新思想的了解，是做好广告设计的前提。对"美"的追求不仅仅是广告业的当务之急，也是提高审美能力的方法。成功的广告人能够"解决市场营销的问题"，无论什么问题。总之，商界大可放心，广告能帮助产品成功占领市场，并且其作用至关重要。

霍普金斯和卡尔金斯一致认为，广告就是事实，或者说越来越接近事实。但过分强调广告真实性的“提升广告行业地位”运动让卡尔金斯感到厌恶，他觉得这就好比伪善的传道者的行为。不过，对广告公司和出版社驱逐骗子、净化行业的行为，他完全赞成。他热情地讴歌诚实和正直这样的美德，尤其是后者。卡尔金斯认为，公众对广告制作人的绝对信任是不可或缺的，成功的广告离不开正直，必须讲实话，这是一个放之四海而皆准的法则。霍普金斯也强调可信度这个概念，一则广告要想有较高的可信度，信息必须精确、具体。他认为，人们能够领会诗歌里艺术化的处理，同理，人们也能识破广告为了引人注目而对事实所做的加工和处理。夸大其词只会让广告的可信度大打折扣，只有事实才能让人信服。“公众认为做广告的人不会撒谎。”霍普金斯断言，“他们以为，在最好的媒体上打广告的人是不会撒谎的。人们对广告越来越尊重，同时，也更在意广告说的是不是实话。”[1]这个迹象表明，广告人的困境，虽然当时并没有这个说法，更谈不上认同，它起到了一种社会机制的作用，对广告公司是一种约束 。

西奥多·麦克马纳斯是卡尔金斯和霍普金斯的劲敌。按照他的说法，广告，或者说他自己的推广方式，与虚假宣传的本质差

1　引自霍普金斯《科学的广告》。

异在于是否诚实：虚假宣传是以“假话”或者“部分真相”为基础的。他声称当时报纸的广告专栏比社论更可信，更让人放心。他和其他一些广告人承认广告业的确还存在问题，但那都是历史遗留问题，随着这个新生行业一步一步趋于成熟，他们不会再犯类似的错误。但夸大、避重就轻、半真半假、矫饰、歪曲事实等各种各样形式的欺骗，是广告业无法规避的。霍普金斯在自传中无意间提到一个故事，他曾在一则广告中伪称某种汽车将要停产，以刺激销售，尽管他知道该车型的设计师R.E.奥尔兹压根没打算退休。最后他的伎俩成功了，但他并没有把自己的宣传方式看作一种欺诈。广告人极力主张，准确的信息是确保广告效用和成功的前提。卡尔金斯曾说，真实是万能的宣传手段。霍普金斯称自己代表的是消费者的利益，而不是广告客户的利益，他坚信自己之所以能够成功，是因为他有办法用简单的方式把事实告知公众，并且把广告变成一种发布产品信息的正当形式。

广告人被重新定义为市场营销专家、商业顾问、应用科学家、消费工程师，甚至是说真话的人。还有什么其他角色呢？广告人还被视作救世主，这是部分为广告业辩护的人彼此心照不宣的看法，尽管他们从来没有明确地说过。这种想法的根源是一种权力感。从来没有人说过广告可以创造奇迹，但霍普金斯却相信广告可以改变公众固有的习惯。卡尔金斯则相信广告有可能让某种正在衰退的潮流消失，并创造出新的风尚。霍普金斯还鼓吹广告在刺激消费方面拥有几近无限的潜能，无数次商业上的成功就能说明这点。他声称“老百姓如同羔羊”，他们向往快乐、安全感、美和满足感，给他们带路就好了。卡尔金斯也说，广告改变了一个民族的日常思维方式，赋予了他们新的词汇、新的短语、新的想法、新的风尚与新的偏见。除了学校、教会和媒体，或许没有任何机构的影响力能与广告的影响力相提并论。在其他一些作家的文章中，这种观点演变成了一种论调，即广告跟新闻一样，是一种公共服务——广告人给消费者提供必要的信息，从而让他们好好地生活；广告人拉低了商品的价格，促进了经济的发展。

对广告给美国老百姓带来了怎样的影响，霍普金斯兴趣寥寥，但还是有人说出了自己的想法。有人认为广告和物质主义之间存在某种关联，但他们更赞成广告驱动了美国社会的飞速进步。事实上，他们捍卫着一种生命政治体，在这种社会里，广告人能让老百姓迅速地接纳技术创新，从而提高他们的生活质量，让他们更富足、更舒适，也更健康。卡尔金斯还专门在自己的著作《商业的教化》一书中详细解释了这种观念。正是因为广告，工厂生产的大量产品才能卖得出去；正是因为广告，消费者才能得到教化，才能享受到新产品带来的好处；正是因为广告，美国的家庭主妇才能买到实用的工具，把自己从单调乏味的家务活中解放出来。广告无处不在，自成风格，其普遍性和多元化特征促进了商业行为的进步，因此，卡尔金斯断言：“从很多方面来讲，广告都是一种公共服务，对广告人来说它固然有益，对于普通群众来说同样有益。”他请读者思考，如果没了广告，世界将会怎样。他在一篇文章中虚构了一个落后的反乌托邦式的美国，老百姓生活艰难，苦不堪言，因为生产工业的引擎——广告被禁止了。1926年，时任总统约翰·卡尔文·柯立芝（John Calvin Coolidge）在美国广告公司协会发表演说，他的演说对此类观点表示认可，即广告人不仅是现代化的倡导者，也是文明的创造者，他们助长了欲望，从而激励美国人民突破自我，勇于创新。广告人，当然也少不了企业家，他们是充满活力的新世界的先驱。

翻开广告行业的教科书，满眼看到的都是成功的广告人的必备素质，即组织能力、好奇心、想象力、独创性、诚实、乐观、热情、精力充沛以及出色的社交能力等，这些素质被反复提及。新入行的人还得具备对人性的洞察力，具备商业头脑、浪漫的情怀和务实的作风，并且吃苦耐劳。卡尔金斯特别看好大学生和品行端正的广告人，他认为只有凭借他们的力量，广告业才能得到公众的尊重，才不会被人瞧不起。相比之下，霍普金斯对大学生或者文学专业出身的人则满腹狐疑，担心他们更在意的是掌声和名誉，而不是销售额。他看重销售人员，认为他们是在“商场实战”中摸爬滚打过的人，是行业的楷模。卡尔金斯也肯定了实践经验的重要性：一年报纸的工作经历，一年百货商店的工作经历，再加上一年旅行推销员的经历，是大有裨益的。另外，两人都用类比的方式来凸显广告业的男子气。卡尔金斯和霍尔登说：“拿破仑本人是广告人的最佳原型，他的事业和工作方法与广告人并不相同，但基本素质是完全相同的。”霍普金斯则说：“做广告就好比行军打仗，唯一不同的是，广告人的对象不是仇敌。或者你也可以把它比作下象棋，我们需要主动出击，占据对方的要塞或者抢到他们的买卖。”虽然方式有所差异，霍普金斯和卡尔金斯不约而同地强调了理想的广告人应该是什么样子——有计谋，并且理性，这样才能最好地满足商业和消费者的需求。他们的身上都折射出一个男性化的梦想，即具有独立的自我，总是能够掌控自己的命运和身处的环境。但这个梦想与广告人的职业并不兼容，因为广告业的权力最终落在客户的手中。换言之，拥有决定权的是商业和资本。

三位广告业贤者的最后一位——爱德华·伯奈斯，也试图为行业正名，他的任务最为艰巨。1920年之前，企业广告已经树立起声誉，但公关行业却并非如此。即便是广告界人士，有些也会质疑公关的存在是否正当、合理。公关这种职业直到1900年之后才诞生，它是从广告业中衍生出来的职业，广告公司雇用人员来协调公司与新闻媒体以及公众之间的关系，处理相关事宜，艾维·李就是公关业的先驱。伯奈斯比艾维·李要稍晚些入行，他可谓矛盾的结合体：虽然个头矮小，却自认为是个气度不凡的大人物；虽然生在国外，却在美国受的教育；虽是犹太人，但并不信教；虽然出生在中产家庭，骨子里却有股革新精神——他的父亲是做粮食出口买卖的商人，而他的舅舅，正是大名鼎鼎的西格蒙德·弗洛伊德。伯奈斯总是有点局外人的感觉，而且从不因循守旧。1912年，他从大学毕业，差不多是出于巧合，为舞台剧搞宣传成了他的职业，在他的努力下，世界著名的男高音歌唱家恩里科·卡鲁索于1917年在美国进行了巡演。第一次世界大战爆发后，出于满腔的爱国情怀与朝不保夕的不安全感，伯奈斯迫不及待地在美国国家公共信息委员会找了份工作。战争结束之后，伯奈斯就自己开了一家公关公司，很快就证明了自己卓越的公关能力。拉拢客户、为客户提供优质的服务，是他特别擅长的事情，烟草业大亨乔治·华盛顿·希尔，就是他的客户之一。

伯奈斯堪称操控新闻的大师，1929年，正是为了希尔，他策划了一场表演，这场表演是公关史上最令人瞠目结舌的表演之一。希尔是当时烟草业的领导品牌——“好彩”牌香烟的老板，他盘算着打破女性在公共场合不能吸烟的禁忌，从而提高烟草销量。在复活节主日那天，伯奈斯在纽约组织了一场名为“自由的火炬”的游行：参加游行的都是穿着入时的年轻女性，她们在公共场合吸烟，宣告女性获得了解放。这次冒牌的女权主义运动成功地吸引了全美报纸的关注，并且引发了烟草业进一步的大胆举动。人们认为这是公关行业的巨大成功，是公关行业有能力摒弃旧俗的明证。到了1930年底，伯奈斯已经拥有了相当多的公司客户，这些公司付给他数目可观的佣金。据说他在1931年经济大萧条时期的收入差不多得有十万美元，其中60%是净利润。

伯奈斯喜欢与人攀谈，也喜欢写作。在20世纪20年代，伯奈斯写了两本书，第一本是《舆论明鉴》（*Crystallizing Public Opinion*），这本书成为公共关系领域的早期经典之作，第二本是《宣传》（*Propaganda*），这本书更具争议性。

同其他人一样，伯奈斯也批判过去，他批判那些高声吆喝、做假宣传的新闻广告人，他批判战时宣传人员夸大事实、操控报纸、愚弄大众。但同样，伯奈斯并没有抓住过去的错误不放。他独辟蹊径，意图让广大群众对广告业能有个好的看法。公众的意见在公司、机构以及政府的相关事务中已经成为关键因素，因此“老百姓就是活该”那套老说辞已经不能用了。他是第一个完全支持“弗洛伊德的大脑”这个观念的广告人，所谓“弗洛伊德的大脑”，是指普通人受情感、习俗以及潜意识所支配，而非理性。他关注的群体，是人群，而不是个体，社会是由大大小小的群体所组成的，这些群体的划分依据可能是种族、信仰或者其他种类的归属感，这些群体是人为的实体类。人们的头脑被偏见、歧视、刻板印象以及迂腐的观念所占据。而群体的大脑，很显然被惰性所阻碍，不愿意从经验中习得新的东西，并改变它的想法。伯奈斯认为，一个普通老百姓就是世界上最高效的审查机构，他的头脑是横亘在他自己与事实之间的最大的障碍物。之前的讽刺作家和批评者的观点是“可怜的老百姓”，而伯奈斯所设想出的是“固执的老百姓”，跟以前的观点南辕北辙，他认为老百姓就需要被人牵着走。伯奈斯实际上说的就是精英政治，只不过较为隐晦罢了。

他冠冕堂皇地把精英称为“聪明的少数人”，认为精英统治才是美国进步的力量源泉，精英们可以左右民众的意见，使其跟得上美国进步的需求。

伯奈斯不得不向大家证实公关顾问能够“把混乱变得有序”，这个说法是他最喜欢用的。伯奈斯的《舆论明鉴》开篇讲述的公关顾问如何成功的故事，很可能都是他自己的经历。在这些故事中，公关顾问（从来没有明确的身份，但多半就是伯奈斯自己）不仅帮助工商企业、政府机构，甚至还帮助了一个外国政府。紧接着，他阐述了博眼球的技巧，特别是如何才能说服固执的群众领袖。伯奈斯极力主张要取得现有团体的支持，并且要建立专门的傀儡组织，得让社会名流、商业领袖或者专家也加入进来。或许这就是“少数的聪明人”？总之，得吸引能推进这项事业、散播信息的人。但最为关键的还是媒体。做一些让人瞠目结舌的惊世之举，不仅能创造话题，还能发动媒体。在实施这些举措之前，必须计划周全，保证传达出的信息前后一致，并且与老百姓脑袋里原有的观念和信条也不矛盾。公关顾问必须引诱群众，利用他们的欲望和恐惧，来驾驭他们的本能。人类的欲望就好比热腾腾的蒸汽，它驱动了社会这个大机器的运转。公关顾问有时候也会利用现有的刻板印象，有时候推翻旧的，有时候创造新的。一个行业如何才能克服过去所犯下的错误和丑闻所带来的负面影响，对此，伯奈斯并不关心。他认为公关顾问能够对普通老百姓的信念和行为施加控制，这种控制和影响将终其一生，并改变人们对民主的看法。“现代社会的宣传就是通过坚持不懈的努力，创造出大事件，或者让事件按照特定的方向发展，从而影响公众对某一个产业、某种观念或者某个群体的看法及其之间的关系。”

那么这个现代化社会中的新英雄有什么特点？跟广告人一样，伯奈斯也力图把公共关系打造成一种专业化的职业。从某种程度上来讲，公共关系顾问与理想的广告人具有某些共性。伯奈斯有时候把游说别人的公关顾问看作既代表普罗大众利益又代表精英阶层利益的中间人或者调停者。这就是说，公关顾问跟广告人一样，几乎成了老百姓的代表，他们把老百姓的诉求转达给权威方。有时候伯奈斯会把律师当成表率，律师为客户提供咨询，也帮他们打官司。公关就好比律师，不同之处在于他们在公众舆论这个法庭上为自己的客户辩护。伯奈斯如同一位公正客观的社会科学家，他必须了解群众，理解他们的梦想、他们的看法以及最高利益。“公关顾问所接受的训练不仅能让他迈出自己的圈子，从一个不偏不倚的观察者的视角来看待问题，也让他能利用自己所学的个体心理和群体心理方面的知识，揣摩出客户的想法。”公关顾问理应按道德行事，绝不能因小失大，为了某个客户或者某项业务做出伤害群众最高利益的勾当。他必须避免为反社会的、会带来危害的活动或者理念做宣传。同理，开诚布公也是公关顾问的职责所在。他应该说实话，而不能奴颜婢膝，自甘堕落。很显然，伯奈斯的这些告诫，要么是假仁假义，要么就是掩耳盗铃。举个例子，尽管他很早就知道吸烟有害健康，却仍然为美国烟草公司效力，把吸烟变成一种根深蒂固的习惯，特别是发展了不少女性烟民。伯奈斯为了客户的利益，对消费者和老百姓进行“改造”，这是不争的事实。

这三位贤者言之凿凿，为贯穿了20世纪的争论做了注解，批评广告业的人和捍卫广告业的人针锋相对，随着年代的推进，这场论战才逐渐平息下来。如何看待人性的本质，尤其是如何理解美国普通老百姓的心理，是这场论战的根本问题。一种观点认为人是理性的，人听命于事实、论证和逻辑。这种观点首先认同的是有意识的思维，而不是潜意识或者无意识的大脑。它以中产阶级男性所持有的传统自由主义理念为出发点，重视理性与思辨，由此产生了相对应的广告信息处理模式——广告人通过说理的方式来吸引眼球，激发消费者的好奇心和购买欲。许多一流的广告人都很肯定这种宣传手段的好处。

与之相对的，一些人更强调感性，而非理性。这种思潮出现在第一次世界大战爆发前夕，受到了日益兴盛的心理学的影响。战争结束之后，行为主义心理学[1]进一步强化了这种影响。而随着

1　行为主义心理学（behavioral psychology）是美国现代心理学的主要流派之一，也是对西方心理学影响最大的流派之一，其创始人是美国的心理学家华生。行为主义心理学主张以客观的方法研究人类的行为，从而预测和控制有机体的行为。

精神分析学的崛起，以及西格蒙德·弗洛伊德思想的广泛传播，心理学对广告的影响就更大了。从心理学的角度出发，广告人首先认为美国老百姓不够理性，常常被感性所驱使，多数情况下被潜意识或者无意识所支配。这种论断所催生出的广告宣传手段，我称之为具有心理学传统的广告方法，也就是说信息远不如刺激来得更重要。广告人只需借助形象和符号就能激发欲望，操控群众。正是这种思路，导致20世纪20年代对广告人的批评和抨击不绝于耳，广告人不仅威胁到了理性的统治，也威胁到了广大公民的心理健康，并且强烈的指责声在20世纪50年代和世纪之交再次出现。实际上，真实的广告宣传常常是两种方法的糅合，文字和形象、理性和情感互为补充，才能把品牌和理念推销出去。你可以认为消费者是理性的，但这并不意味着消费者是理智的。

另外，尽管广告业内人士大声疾呼，四处奔走，但广告本身的特点决定了它无法达到行业外人士所认可的真实水准。广告过于短小精悍，无法面面俱到地反映出一个品牌的长处和缺点。广告人所交代的事实，只是部分事实，他的焦点是产品或者品牌本身，而没有结合背景来看，比如，跟竞争对手的产品相比如何、跟其他品牌相比如何、产品会带来怎样的社会影响。比较性广告直到20世纪60年代之后才出现，却也算不上什么新鲜事物，因为这类广告还是要极力鼓吹自己的种种优点，人们常常把比较性的广告称为“诋毁性广告”。随着电视走入千家万户，美国总统大选中的电视竞选广告变得举足轻重，这些广告半真半假，经常夸大其词，抨击起竞选对手来毫不留情。理智的消费者和公民很快就认识到，在买昂贵的东西之前或者为总统候选人投票之前，必须多方面获取信息，才能做出最终的决定。

3. 感性与理性的较量

耶稣说的每一句话都透露出真诚，就如明媚的阳光般让人感到融融的暖意。

20世纪20年代中叶，广告界的明星布鲁斯·巴顿出版了一本名为《无人知晓之人：耶稣最伟大的CEO》（*The Man Nobody Knows:A Discovery of the Real Jesus*）的书，引起了巨大的轰动。它被摆放在书店里醒目的位置，紧挨着《圣经》，并且很快就获得了商人和一些神职人员的认可和支持。仅仅一年半时间，这本书就卖出了二十五万本，在1925年登上了美国非虚构类作品畅销书排行榜的第四位，并于1926年荣登榜首。

这本书算不上严格意义的传记。巴顿声称他只是打算画一幅肖像画。这本书也不是简简单单的耶稣生平文章的集合，因为巴顿对耶稣死之前最后三年生活的描写，已经上升至大众哲学的高度。《无人知晓之人：耶稣最伟大的CEO》一书文笔优美，构思巧妙，读起来却又毫不费力。书中既引用了《圣经》中的福音书，也借鉴了当代人物和历史人物（比如，亨利·福特和亚伯拉罕·林肯）的观点。巴顿倚仗《圣经》中的神圣权威人物，让自己的论断更加有力，同时也刻意曲解他们的语句，以支持自己的论点。看起来这本书的目的主要有三个：首先，强调耶稣的男子气概。书中的耶稣化身为动作英雄，跟道格拉斯·范朋克的形象极为相似——强健有力、英俊潇洒、威风凛凛。其次，把耶稣塑造成支持物质与享受的人，而不是一名清教徒，这与广告人心目中的消费者形象完全匹配。书中的耶稣擅长社交，讨人喜欢，从不会郁郁寡欢，也不会让人望而生畏，他纵享生活，只要跟他在一起，你就会想着找乐子，或者在宴会上大快朵颐一番。第三，把耶稣刻画成现代商业的创始人，他创造的组织生命力长久，最终征服了罗马人的世界。书中的耶稣对自己的管理能力引以为豪，他富有远见，知道如何招纳和训练门徒、如何发动群众、如何打败对手，以及如何克服一切艰险。最重要的是，耶稣支持为人类服务，在巴顿看来，为美国带来生机的商业公司就秉持这种信仰。该书也是一本行为指南，巴顿用耶稣的生平故事来教导读者，尤其是男性和商界人士，在工作和社会生活中如何为人处世。

《无人知晓之人：耶稣最伟大的CEO》之所以受到大众的喜爱，很可能是因为巴顿巧妙地展现了耶稣富于人情味和男子气概的性格特点，同时赋予了宗教现代化的色彩。写给巴顿以及出版商的信件纷至沓来，善男信女对他们感激不尽，因为他们塑造出了一个可亲可敬的耶稣形象。但书迷对耶稣商业化的一面兴味索然。历史学家爱林·史密斯确信，现代化的发展与传统权威的日渐衰落让美国人感到困扰，而巴顿的书正如广告一样，为茫然若失的群众及时送来了意见和忠告。巴顿笔下的耶稣富于阳刚气，他既是朋友也是先知，既是老师也是顾问，为人们的日常生活提供切实有用的意见。

巴顿的父亲是一位颇有声望的公理会牧师，靠着自己的努力成了小有名气的学者，巴顿之所以在书中会塑造出有男子气概的耶稣，离不开父亲的观点和意见的影响。巴顿曾经考虑过继承父业，1914年他也的确出版了一本《一个年轻人的耶稣》，以鼓励跟自己有同样梦想的人。但大学毕业后，他放弃传教，转而进军新闻业，最后选择了广告业。他在这两个行业均取得了不俗的成绩，特别是在广告业的表现异常优秀，1919年他与另外两位合伙人共同创立了BBDO广告公司，并且成了BBDO的当家文案。到了20世纪20年代，BBDO成功地为很多企业量身打造公司形象，著名的案例有通用汽车和通用电气。巴顿让杂志广告臻于完美，他的广告语简短、凝练，让人耳目一新，精神振奋。同时，人们也留意到了巴顿的写作才华和演讲才华，他总是宣扬商业在道德方面所取得的进步，大谈特谈广告对生活的正面影响。1927年，巴顿在广告人代表大会上，面对自己的同行，做了题为“广告人的信条”的演讲。巴顿表明心迹，声称自己作为一名广告人，感到无比骄傲和自豪，强调广告是商业的发声器，广告业的飞速发展以及逐渐演进的行业标准是全人类最美好的希望。但事实上，巴顿私下里对自己行业的价值心存疑窦，因为广告业的竞争造成了太多的资源浪费。

巴顿是一名广告人，在他的心目中，耶稣是完美广告人的化身。从广告人的视角来看，上帝是他们的客户，而耶稣则是广告的手段。巴顿笔下的耶稣话并不多，但只要他一开口，肯定是言必有物，掷地有声。他知道如何能迅速地抓住听众的注意力，而这正是所有广告的第一目标。但作为广告人的耶稣最擅长的是讲故事，通过故事传递道德教化的力量。他认为，《圣经》中的寓言故事是人类历史上“最强有力的广告”，而好心的撒玛利亚人的故事则是“有史以来最伟大的广告”。巴顿整整用了十五页的篇幅来说明《圣经》中的寓言故事为什么是广告的典范。每一个故事都是简练、精粹之杰作，言之有物，生动形象，毫不拖泥带水，传达出的信息清晰而明确，即使最愚钝的人也能明白其中要义。整体而言，它们体现出了一则优秀的广告必须遵循的首要原则，也就是“重复的必要性”。至于耶稣的想法，无论多么具有革新性，但万变不离其宗——故事有很多，广告也有很多，但伟大的想法其实就那么一个。耶稣的宣传策略还有最后一个关键性因素，那就是真诚，那个年代的广告经理人将其视为广告的必备要素。巴顿热烈地赞叹道：“耶稣说的每一句话都透露出真诚，就如明媚的阳光般让人感到融融的暖意。”但耶稣也会使用一些手段，他和任何人都能交上朋友，他会根据对方的身份来调整说话的方式，从而赢得听众。耶稣的广告，如果下定义的话，就是无瑕疵的劝说，没有掺杂一丝欺骗。这也是为什么最后耶稣成了完美广告人的化身。

4. 新一波反广告浪潮

巴顿的耶稣等来的是劈头盖脸的鄙夷和不屑，这说明广告人利用耶稣的善行及他的生平故事为自己洗白的手段并没有让知识分子心服口服。随着广告行业的日趋繁荣，一股反对广告的浪潮又涌起，这股浪潮以“专业管理阶层”的价值观为依据，使得公众越来越瞧不起广告业。为这股浪潮加油助力的作家有很多，最突出的有斯图尔特·蔡斯、海伦·伍德沃德以及詹姆斯·罗蒂等。他们无一例外地对广告的正当性提出了质疑。

斯图尔特·蔡斯（Stuart Chase）深挖广告行业黑料，并大获成功。蔡斯虽然是财会科班出身，但本质上却是一名工程师。他在政府部门工作过，后来因为揭发政府在战争期间对肉类加工厂监管不力而被炒了鱿鱼。从那之后，蔡斯就一心一意地投入美国的经济改革中。很快蔡斯就成了一位多产的作家，两本书为他打开了知名度，受到了大众的欢迎，第一本是《浪费的悲剧》（*The Tragedy of Waste*），第二本是与工程师F.J.施林克合著的《你的钱有多少价值》（*Your Money's Worth*）。蔡斯认为广告是诗与谎言的混合体："现代销售的目标是创造魔法，而不是提供真实信息。"广告行业是如何利用心理学的研究结果让消费者产生诉求的，对此他了然于心——人们渴望财富、名誉和权力，期待别人能接纳自己，也希望自己能身体健康、性感迷人，这些足以让美国人晕头转向。他告诫道："现代的广告人所开发出来的人工刺激手段，高明到连埃及艳后都自叹弗如。"广告的数量和种类越来越多，但它们本质上只是无穷无尽的重负，广告制造出了一个奇景，混乱不堪却让人神魂颠倒，处处弥漫着假象。"它创造出梦幻的世界，"他沉吟道，"灿烂的笑脸、洁白光亮的牙齿、少女细嫩的皮肤、光滑的双脚、剪裁得体的正装……"结果呢，无辜的消费者们不得不背负无休无止的压力，"买，买，买"。我们在幻想出的世界里流连忘返，它旖旎艳丽，引人入胜，跟看电影一样有意思。问题是，梦幻的世界只会把我们同现实世界割裂开，"我们都是在梦幻奇境中漫游的爱丽丝，互相矛盾的说法、冠冕堂皇的承诺、光鲜亮丽的包装、言过其实的溢美之词以及令人费解的愚昧无知，俯拾皆是"。

蔡斯希望能够建立良好的防御机制，使公众免受歪风邪气的影响。他精心构思的防御机制比简单的审查制度要高明许多。蔡斯认为，如果由政府提供资金的调查委员会和实验室能通力合作，把产品的真实信息传递给公众，教育公众，就可以去除欺骗和过度包装所带来的负面效果。总之，蔡斯虽然没有提出要彻底杜绝广告人这个职业，但适当的管束是必须的。蔡斯还与施林克共同创立了非营利性的消费者研究机构，开始对消费者进行教育，这项任务艰巨而庞大，却是实现宏伟目标的必经之路。

蔡斯和施林克意识到自己会因此而得罪广告业，被迫无奈地宣称他们对正当的广告并无不满。但广告业的人并不是傻子，他们没那么好骗，比如，行业大佬卡尔金斯和巴顿，他们深知《你的钱有多少价值》以及蔡斯早期的其他作品是在批判广告行业，并且他们也分别为广告业进行了辩护。他们承认蔡斯的出发点是好的，是诚恳的；他们也赞成有些广告的确十分可疑，但一切都在变好。巴顿认为，蔡斯的作品并没有交代全部的实情，忽视了广告好的一面，论述也很有选择性，他强烈指责了蔡斯耙粪记者的思维模式——只关注话题性，却不注重事实。以卡尔金斯为首的广告人不断强调广告业在进步，称广告业是现代化的发动机。他们还指责蔡斯想让美国退回到只有家庭作坊、没有品牌可言的落后时代。并且，这些广告业的辩护者对于让专家取代广告人的提议，以及专家才是消费者之友的观点大为光火。

在《你的钱有多少价值》中，蔡斯和施林克大量引用了海伦·伍德沃德（Helen Woodward）的回忆录《透过那些橱窗》（*Through Many Windows*）中的内容，这本回忆录非同一般，它告诉读者典型的广告文案是如何在自私的驱使下引诱消费者的，而且不告诉消费者哪些才是他们真正需要的。蔡斯和施林克此举相当聪明，因为《透过那些橱窗》是广告人所写的自传，最是引人入胜又妙趣横生。作者海伦·伍德沃德曾经是一名广告文案，在将近二十年的广告生涯中，她为书本、肥皂和食物做过广告，她是业界名头十分响亮的女性广告人之一，但在1924年她离开了广告业。正因为这部在广告人传记中颇有分量的作品，她成了广告业的第一个变节者。变节者的证词对社会舆论的演变产生了重大影响。

根据书里的描述，一开始伍德沃德以为广告业是一个能让她充分发挥自己的想象力和天赋、让她出人头地的地方，并且广告行业的机会与风险也给她带来了很多乐趣。但没过多久，她就开始郑重地怀疑自己所付出的努力是否有价值。这是因为她已经认识到，广告生涯固然激动人心、富于创造性，但那都是过去时，现在它受到了固化的商业意识的束缚，消费社会的固有缺陷让她感到担忧。她得出结论，广告必然会牵扯到欺骗或者自我欺骗。单从广告人个体来看，他们既想讨人喜欢，又想诚实，跟其他行业的人一样诚实，但所从事的工作却让他们不得不强行向公众宣传产品的优点，而把道德成本置之脑后。一个优秀的广告文案必须具有布道般的热情，哪怕自己其实并不相信。你得妙笔生花，把稀松平常的东西吹得天花乱坠——对广告人来说，诚实和耿直是不可取的。随之而来的，是深深的憎恶感：一旦为某品牌做完广告之后，她就再也不想看到这个品牌。难怪那么多有创造力的广告人还没到四十岁就产生了职业倦怠。“慢慢我才意识到，我们什么都是，我们也什么都不是，这让我很沮丧，”她说道，“我们不过是没分量的羽毛，风吹过来我们只能随之摇曳，浑浑噩噩，不知去向何处。”《透过那些橱窗》并不是对广告业彻头彻尾的反戈一击，这本回忆录对广告业的描述好恶参半，情感极为矛盾。她在书中所陈述的道德的不安是广告人的常见症候，也是广告人困境的一个方面，这本回忆录也是1945年之后所出现的广告人抗争史的先驱，它一针见血地指出了众多广告人为行业辩白的苍白和无力。

因为伍德沃德是广告人出身，因此她的观点令人印象深刻。而更为激进的詹姆斯·罗蒂也曾经是一名广告文案，他在纽约和旧金山工作过，并且20世纪20年代末还在大名鼎鼎的BBDO广告公司供职。他对广告业的看法可一点都不乐观，他感慨环境如何逼迫他回到令人作呕的广告业。罗蒂是广告业的变节者，也是反广告传统中最独特和最激进的声音。1934年，罗蒂出版了他的鸿篇巨著《吾主的声音：广告》（*Our Master's Voice:Advertising*），现在回头看，这本书有力地控诉了广告的危害，反映了广告制作人的罪行。它洋洋洒洒，将近四百页，堪称广告行业的纪实概要，把回忆、真相和虚构的内容结合起来，既有写实报道，也有讽刺揶揄；既有分析，又不乏论证；时而诙谐幽默，时而辛辣尖刻，偶尔略显枯燥无味，但多数时候复杂巧妙。从某种意义上来讲，这本书是对巴顿的信条的一种回应，不仅回应了《无人知晓之人：耶稣最伟大的CEO》，也回应了他的其他作品——文中引用巴顿的话屡见不鲜，除此之外，罗蒂还用了一整章的篇幅来分析《无人知晓之人：耶稣最伟大的CEO》。

罗蒂创作这本书时，新兴的消费者运动风起云涌，这场运动或许能催生出胜利的果实，从而成功地遏制广告业的欺骗之风。这个果实就是特格韦尔议案（Tugwell Bill），有人说它不公正，有人说它带有共产主义色彩，也有人认为这项议案让后世扼腕叹息——说话人的立场不同，观点自然不同。本来政府考虑将这项议案立法——议案得名于美国农业部副部长雷克斯福德·特格韦尔，他是总统富兰克林·德兰诺·罗斯福的智囊团成员。这项议案的约束范围包括食物、药品和化妆品广告。它明确界定了什么是广告欺骗，无论是模棱两可、语焉不详，还是别有用心，只要让消费者产生错觉或者误导了消费者，都算欺骗。这种界定方法恰好击中了广告的软肋，因为广告与虚假必然有所牵连，只是程度轻重而已。罗蒂准确地指出，模棱两可与别有用心是广告文案的惯用伎俩。一旦这项议案通过，它将开历史之先河，威胁到整个宣传体系的地位和影响力。这显然正是罗蒂所期待的：议案如果能成为法律，就算它无法彻底消除广告给美国公众带来的心灵伤害，至少能减弱伤害。当然，特格韦尔议案最终并没有成为法案，因为制药业与广告业进行了有效反击，最终拔去了这个眼中钉、肉中刺，把这项议案扼杀了。为了提升广告业的形象，广告人甚至把公关行业的策略都派上了用场，以提升广告业的形象，但收效甚微。罗蒂以及其他质疑和批评广告业的人，他们的希望被永远粉碎了。

人们经常会从生命政治的角度对广告行业进行解读，罗蒂也从这个角度阐述了自己的观点。这是一场围绕着国民生计所展开的论战，更确切地说，是围绕美国文化的纯粹性而展开的。罗蒂认为美国文化将会走向衰败，以小企业和公民价值为核心的有机文化已经被贪得无厌的文化或者说寄生虫式的“伪文化”所取代，其本质就是错误的，并且已经从皮肉烂到了骨头。金钱、贪婪、浪费与攀比在伪文化中横行霸道。所有的广告都是赤裸裸的乞求，只是形式比较特殊，它把目标瞄准了消费者的既定财产，以物质的、道德的以及精神的美好生活为旗号。它的目的，就是要让老百姓形成一种贪得无厌的心理模式，这样他们才会被非理性诉求牵着鼻子走，才能培养出购买自身经济能力范围之外产品的消费者。“广告教会了老百姓怎么活，告诉他们应该害怕什么，什么值得骄傲，怎样才是美，怎么做才会有人喜欢，如何让别人艳羡，怎么样才能成功”。它是一个很好的例子，既说明了文化的影响力可以超越经济，又说明了图像和语言可以有效地阻止无产阶级意识的诞生。罗蒂所绘出的欺骗之网，不仅包括报纸上的广告专栏，也包括其他所有的媒体种类，比如，广播和电影，并且欺骗的黑手已经在不久之前伸进了校园。颇为有趣的是，罗蒂还把巴顿的信条给反转了过来，哀叹当今广告人的信仰就是多数美国人的信仰。隐藏在广告背后的是商业法则，美国的公司资本力量在攫取利润的同时，也操控了政治。实际上，罗蒂设想出一种强大的力量，即统治阶级的力量，他们利用语言和文化来控制民众的行为，规范哪些是正常行为，也用来压制民众的不满，确保老百姓能服从管理，从而确立和维持自身的正当性和合法性，这其实就是后世所提出的霸权理论。之前蔡斯认为广告创造出了梦幻的世界，而罗蒂的“伪文化”也是对当时社会环境的一种解读，彼时的美国被一张巨大的虚幻之网所笼罩。

罗蒂还对美国广告业的组织进行了剖析。他强有力地论证了广告业并不是依附在资本主义躯体上折磨人的赘生物，而是新秩序必不可少的组成部分。他把宣传机器比作盘踞在商业体系之上的面目丑陋、自鸣得意的怪物，说广告人已经成为美国商业帝国中经济层面和文化层面的权力仅次于恺撒大帝的官员。广告公司里有才华的广告人济济一堂，很多人认为自己所从事的工作是艺术，或者跟布道很相近。但这只是他们虚伪的一面之词。他们把消费者尤其是女性消费者变成了神经官能症患者和奴隶。罗蒂指出，不同工种的广告人之间的关系比较紧张：客户经理、广告文案、广告美工，还有调研总监，都争先恐后地邀功领赏。他们马不停蹄地工作，忙忙碌碌，虽然获利颇丰，但同时又缺乏安全感和满足感。他们被困在没完没了的宣传推销中，不得不把自己的创意兜售给同事、客户或者公众。罗蒂把广告公司描绘成文化加工厂，他觉得把广告业比作磨坊更传神，因为它们同样受制于严苛的法则。

《吾主的声音：广告》中最引人注目的部分是罗蒂对广告人的社会属性与道德属性的思考。他在书中详细地描述了广告人困境的不同纬度，这是历史上前所未有的。开始他较为具体地叙述了广告业侵蚀灵魂的一面，它如何让广告人面目可憎，如何让他们陷入骗子的窘境并最终毁掉了他们：

> 如果把这个竞争激烈又贪得无厌的社会比作一台巨大的机器，广告人不过是这台机器在演变的特殊时刻所需要的一种特殊的齿轮。整体而言，他们比一般的生意人要聪明许多、世故许多，也更关注社会。但小小的齿轮日复一日地不停转动，必然会丧失人的特质，每天在真真假假中穿梭，一点点开始堕落，自己却并未察觉。没人愿意这样粗野、轻佻地活着，广告人虽然活着，但实际上已经死了。他们变得麻木而绝望，得过且过，或者变成了空想家和施虐狂。从某种意义上来说，他们是知识分子，是美国商业文化中的男性娼妓。有些广告人丧失了生活的希望，还有些广告人变成了极端分子和激进分子……

罗蒂把广告人称作“男性娼妓”，或者“寄生虫与无意识的破坏分子”，或者“饱受折磨的阉人”。他在文中借人物之口问一个虚构的广告人，问他是否意识到自己是江湖骗子，是说谎的家伙，无异于一个披着伪科学、伪艺术、伪教育外衣的滑稽、堕落的小丑。他反复思考顽固不化的广告人那近乎女性的特质，他说广告人总是踌躇满志，却又软弱无能，他们微妙的处境决定了他们既不能有自己的意见，也不能擅自行动；广告人与真正独立自主的男人不同，他们不过是拿着高薪、被公司老板所利用的工具而已。在罗蒂看来，广告人都是奴颜婢膝的，是被资本方牵着鼻子的走狗。

按理讲，这本书不仅应该拥有广大的读者群，也应该起到抛砖引玉、引发巨大社会争论的效果，但它两方面都铩羽而归。它很快就被遗忘，至少迅速地从舆论视野中消失了。《吾主的声音》之所以落败，并不是因为广告人的辩白占据了舆论的制高点。远非如此。经济大萧条的时代背景下，并不会让老百姓支持那些为商业和宣传行业歌功颂德的文章。很多批判广告和广告人的作品受到了广泛欢迎。1937年，盖洛普做了相关民意测试，发现88%的被调查者对“禁止对消费者产生误导的视频、化妆品以及药品广告”的提议表示支持。普通民众反对广告的呼声甚高。

但有什么抵制广告的普遍行动呢？从来没有。这就是矛盾之处，或者说悖论所在，普通民众的确认识到了广告的问题，但他们对无处不在的广告又能欣然接受。第二次世界大战之后，美国涌现出许多反映公众对广告厌恶之情的通俗作品。1947年，赫尔曼·沃克发表了他的第一部小说《梦想的曙光》，它以寓言、喜剧的形式反映了广告宣传体系的腐化影响，但这并不是一本畅销书。其中有个人物角色名叫迈克尔·王尔德，是一位画家，也是义愤填膺的知识分子——对广告深恶痛绝。那段大家耳熟能详的声讨广告业的檄文正是王尔德所说的，“广告把这片土地上所有美好的东西都给摧毁了，只留下可怕的霉菌，让腐烂四处蔓延。它让璀璨的创造失去了光华”。一切仿佛都糟透了。广告人从事的是魔鬼的工作：他们是居心不良的骗子，只要能把东西卖出去，干什么都行。但小说最后的结局是王尔德选择了财富和安逸，而没有选择自我牺牲与清白。他跟肥皂业巨头的女儿结了婚，而肥皂的宣传离不开滋生谎言和腐败的广告。王尔德背叛了自己的信条。1956年，沃克已经是一位蜚声文坛的作家，他给这部小说加上了注解，承认自己写作的目的并不是支持社会变革，而仅仅是通过讽刺泛滥的广告来博得读者的开怀一笑，广告其实谈不上可怕或是罪恶，只是实在是愚蠢到家，与成熟的文化格格不入。

随着广告代理人的崛起与公共关系的出现，人们既容忍了宣传体系的存在，又藐视它的价值。有一项研究对九十二种杂志在1900年到1940年这四十年间所刊登的评述广告的文章进行了调查，这些杂志多半是专业类杂志或者精英类杂志，结果发现，对广告持肯定和否定态度的文章势均力敌。广告是谎言的载体，也是信息的来源，就算名不正言不顺，也只能接受。为什么？因为广告人是某种特别的生命政治体的工具，他们确保了产品的流动性，改变了美国中产阶级的生存面貌，受到了精英群体的追捧和富裕阶层的欢迎，从而构建出了消费社会。广告人或许会辩解，说他们的行为是以某种信条为指导方针，这个信条说起来很动听，即美国人的生活方式，也是他们大肆鼓吹的内容。但实际上呢，他们如同职业管理阶层一样，首先是为资本的利益服务，并且尽心尽力。

表面上两者就不相吻合，其深层次的问题则是真实与谎言之间的根本差异，也是无处不在的欺骗与说真话的美好理想之间的差异。矛盾滋养着文化，或者至少可以说矛盾催生新的思想和新的见解。“二战”之后出现了对广告人的两种不同的解读，矛盾为这两种解读奠定了基础。

03 PART

第三部分 黄金时代

在普通老百姓心目中，广告业是高级法兰绒和灰色的世界，那里的人身着三粒扣西装，精神抖擞，仪表堂堂，却厚颜无耻，经常说些稀奇古怪的行话。

——《时代周刊》，1962年10月12日刊

1961年3月31日的《时代周刊》刊载了一篇长文，细致地描述了美国的一个现象——道德焦虑，它固然可悲，却由来已久，又挥之不去。那一期杂志的封面标题是《解析焦虑》，配图是爱德华·蒙克（Edward Munch）的名作《呼喊》。很显然，许多人被负罪感和担忧淹没，担心会丧失身份，担心被孤立，内心有种无助感和虚无感，同时人们也很内疚，明明知道自己在犯错，却无法及时弥补过错。这种现象在广告界、传播领域以及娱乐行业尤为明显。尽管《时代周刊》并没有辟出专门篇幅来讲述广告人的境遇，但提到了广告人对自身能力的质疑，他们感到焦虑，因为不会写小说或者对科学一知半解。这种莫名其妙的挫败感的确有些古怪，但确实昭示了他们内心的失望。该文章并未署名，但能看出作者受当时风头正盛的心理分析学派的影响巨大。作者将那个年代的焦虑归咎于信仰的坍塌、过度的自由和变革以及各种形式的压制，甚至还归咎于那些宣扬恋母情结的作品。该作者还认为，让美国人普遍感到焦虑的罪魁祸首是实用主义哲学，而之前有人指出，实用主义正是广告人所推崇的哲学。实用主义的信条不仅破坏了真理的原则，还让真相变得无处可寻。

1. 消费者至上

在一个消费者只要相信就会购买的市场环境中，信息真实与否显得无关紧要，广告人只要能打造出消费者愿意买账的品牌形象就行。

在这25年的时间中，《时代周刊》对于公关业、广告业从业者的关注日益增加，尤其是从20世纪50年代中期到60年代中期。这体现了广告人在社会性对话中的重要性。历史学家丽莎贝丝·科恩认为，从1945年开始，美国政府、美国商业与美国大众有意识地构建一个“消费者共和国”，并且她强有力地论证了自己的观点。也就是说，经济、文化和政治围绕着大众消费而发展，它不仅包括物质层面的消费，也包括精神层面的消费——对于自由和平等的强烈渴求。无论是经济层面还是文化层面，广告人在这项精英工程中都起到了关键性的作用，因为他们有足够的能力说服公众。著名的历史学家大卫·波特指出，现代广告过去是美国特有的产物，现在仍然如此，因为它不仅体现了美国物质富足的显著特点，同时又为这项特点服务。在电视走进千家万户、人人不愁吃穿的新时代，广告业的总交易额在20世纪50年代翻了近四倍，从1950年的13亿到1960年的60亿，在1970年则上涨到了105亿，极大地带动了消费。公关行业也得到了蓬勃发展，在纽约和其他城市，大企业要么成立了自己的公关部门，要么扩大了原有公关部门的规模；广告公司则组织了特别公关部门；独立的公关公司也如雨后春笋般出现。一项新的商业计划的制订，离不开广告人的出谋划策，有时候广告人甚至会参与新产品的设计或者老产品的更新。总之，“二战”后的美国迎来了广告业的黄金时代。

但广告欺骗的传统由来已久，所以存在许多问题。这些年来，《时代周刊》密切地关注着广告业普遍存在的欺诈和不诚信的行为。它报道了美国联邦贸易委员会是如何对广告业的领军企业——比如达彼思广告公司与博达大桥广告公司（FCB）——虎视眈眈的。“诚实”“真实”与“真相”，都成了待价而沽的货物。就连广告业内人士对行业道德也缺乏信心：《时代周刊》所援引的一项民意测验表明，不到十分之一的广告从业者认为自己的同行是诚实的。切斯特·鲍尔斯曾经是广告业领袖人物，金盆洗手后转而到政治领域和政府部门谋求发展，他把自己的广告生涯说成是人生中一次错误的选择。“广告业的欺骗太泛滥了。”他在《时代周刊》上说道（1961年4月21日刊）。“广告会夸大一切。”甚至连当时最如日中天的广告人大卫·奥格威也在《时代周刊》的文章中如此感慨，承认“广告业不仅让公众的品味变得低俗，也让谎言变得冠冕堂皇”这样的批评是对广告业最有力的抨击（1961年10月20日刊）。以上种种说明了广告人“为何一听到指责广告让中产阶级的水准变得堕落的声音，就会惶恐不安”，《时代周刊》的封面报道中如此评价（1962年10月12日刊）。

《时代周刊》当时温和地指出，公众普遍认为，广告人是极为高效的销售人员，要是没有他们的努力，世界不会文明开化，也不会如此美好，并且公众的看法相当坚定，很难改变。更有趣的是，在《时代周刊》的一些报道中，广告人被塑造成了一种特殊人群，他们不仅时髦、现代，还十分具有美国特色。该报道认为公众对广告人的工作和生活方式已经形成了一些认识，广告业极具竞争性，让人没有安全感；广告人纸醉金迷，声色犬马。《时代周刊》认为公众的看法既不够精确，也不够完整。就在这时，有位作家出现了，他打算纠正大众认识的偏差，他就是马丁·迈耶（Martin Mayer）。马丁·迈耶是《时尚先生》的记者，他当时已经出版了许多作品，但《麦迪逊大道》（*Madison Avenue*）可以说是他最负盛名的作品，也是反映广告业的经典著作之一。

迈耶是从一个新闻记者的角度，而非批评者的角度进行创作的。他采访了许许多多的广告人，然后在其基础上创作了这部实录。迈耶指出，最让人讨厌的事情有两样：广告人想为自己正名的欲望永无止境，而批评者对于广告中的谎言、欺诈行为以及隐形的游说的指责也没完没了。他认为广告的确能增加产品的价值，广告宣传也可以将产品推向市场，但其作用是有限的，仅限于商业范畴。“广告本质上只是一种表面现象，就像风吹过水面……如果风向与水流方向一致的话，似乎能掀起波澜；但如果风向与水流方向相反的话，只能是徒劳无功。”之前有批评者指责广告人拥有权柄，对美国人的生活产生了影响，迈耶在他的作品中否定了这样的观点。

但他并没有详尽地论证自己的观点，迈耶对于人和过程更感兴趣。他在整本书中罗列了许多广告人，花费了不少笔墨描写这些广告界的杰出人物，他们各自都有一套与众不同的销售方法，比如，罗瑟·瑞夫斯推崇理性广告，大卫·奥格威注重品牌形象，等等。接着他颇有说服力地指出，广告界分成了两大阵营，一派认为信息的处理最重要，另一派则是心理学传统的拥趸。

迈耶还详细地描述了广告公司的常规工作。他细致地勾勒出了不同分工的广告人形象，除了文案，还有艺术总监、客户经理、媒体买手以及市场研究员。他强调一个广告成功的关键就是要有创意，它奠定了广告的基调，决定了给受众留下怎样的视觉感受和心理感受，以及传达出怎样的信息。在书中的某一章，他对当时最受人瞩目的一则广告——广告界的领头羊博达大桥公司为福特新出的埃德赛尔汽车所做的广告，进行了探讨。这则广告后来遭遇市场滑铁卢，迈耶在修订本的前言中也交代了此事。它的惨败恰好证实了迈耶的理论和分析是对的。他还另辟一章聚焦市场调查，重点关注了两位广告业巨擘，分别是人称“疯子天才”的欧内斯特·迪希特（Ernest Dichter，他是动机研究的先驱），以及跟迪希特相比天赋略逊一筹的艾尔弗雷德·伯利兹（Alfred Plitz，统计之王）。总体来说，这本书细致、巧妙地绘出了竞争激烈、奢侈浪费又极富创造力的广告业的全景图。

这本书最有趣的地方是，迈耶刻画出了作为美国新贵的广告人的性格与生活，至少从文化人类学的角度来看是如此。毫无疑问，广告人属于职业管理阶层，在当时已经是商业化帝国的美国，他们的地位相当稳固，人数也在快速增多。只是他们跟职业管理阶层的其他男性（和女性）有所不同，他们既不是普通的商人，也不是经理，也不是专业人士，更不是普通劳动人民，尽管都有相似之处。迈耶发现，广告人已经名声在外，他们光彩照人，收入丰厚。跟以前的作家相比，迈耶对广告人的形象描述得更加细致、具体，但并没有过多差异，不过他指出广告人都善于自我包装。

根据迈耶的观察，广告人总是聚集在特别的场所。他们在麦迪逊大道工作，那里遍地都是广告公司和媒体，它是纽约的一部分，是广告人集体努力的成果。当时的麦迪逊大道就算不是路人皆知，也至少成为某种象征。单从外表来看，麦迪逊大道的建筑大同小异，但迈耶发现，一流广告公司的办公室都是精心设计过的，传达出一种与众不同的气质，因为第一印象对于广告来说实在是太重要了。广告人也要吃饭，而且吃的都是珍馐佳肴，他们在附近的高档餐厅尽情享用美食与丰富的娱乐活动，非常奢侈。客户经理最让人嫉恨，因为要招待客户，所以他们可以把费用全记到公司账上而不用花自己一个子儿，就能过得风流浪荡，好不快活：有美味佳肴，有葡萄美酒，有年轻貌美的女伴，夜夜笙歌。迈耶的说法未免有些夸大，但确实给读者留下了印象——广告界是实实在在的存在，广告人就生活在大都市或周边。

广告人是信息传播方面的专家，经常说些晦涩难懂的术语，也就是广告业的行话，不过迈耶在书中举的例子并不多。他们衣着得体，并不花哨——迈耶称之为“色彩亮丽的保守主义”。许多广告人很享受工作带来的快感——成功地把产品推销给千家万户所带来的刺激和兴奋，唯一让人不满的地方是广告从来不具名，所以他们只能是幕后英雄，无法得到民众的鲜花和掌声。成功的广告人收入极高，比其他行业的雇员要高出许多，迅速致富以及各种各样的津贴吸引了很多青年才俊。但他们的身体也消耗得更快，根据迈耶的说法，他们要么干一段时间就离开这个行业，要么就早早离世（平均58岁），比美国人的平均寿命要短十年。麦迪逊大道是“溃疡的重灾区”，这个说法不无道理，广告人日复一日地进行高强度的工作，商业风险以及社会和心理上的不安全感让他们苦不堪言。无论是生理还是心理的疾病，在广告人身上都比较常见，比如，精神崩溃、心脏骤停以及慢性胃肠道问题。因为工作的难度和强度都相当大，他们不仅得起早贪黑，还得面临各种各样的危机和激烈的竞争，当然，罪魁祸首是不安全感——广告人不得不疲于应对各种焦虑，永远得有新的创意，担心失去一个大客户的恐惧无时无刻不在，害怕自己的广告得不到大家的肯定或者铩羽而归，害怕公司内外的竞争对手会取代自己，对于金钱和地位永无止境的渴求……无论报酬有多丰厚，做一名广告人并非易事。

在书的最后，他似乎要帮助广告人正名。他认为，在一个消费者只要相信就会购买的市场环境中，信息真实与否显得无关紧要，广告人只要能打造出消费者愿意买账的品牌形象就行。迈耶的这番言论和他对公关顾问的不屑形成了鲜明的对比，他认为公关顾问只会在暗处操作，以操控或在必要时歪曲新闻。他认为广告人是光明正大的，而公关顾问则见不得人。很显然，迈耶作为一名记者，把公关人员看作对媒体行业以及自己职业的潜在威胁。实际上，这是历史上首次有重要的作家对广告人“行骗”的权利进行社会性的认可，并把他们塑造成对公众有益无害的角色。这宣告了一个新时代的开始，在这个新时代中，广告人是合法的骗子，虽然他们并没有被大众普遍接受，也同样饱受争议，但因为广告在现代社会中无处不在，所以这或许是历史的必然。

2. 光荣与梦想

如果一个人赢得了全世界，却丢掉了自己的灵魂，又有什么用呢？

很多作家，包括一些在广告业工作过的作家，对广告业内一直存在的道德败坏现象深信不疑，虽然广告人究竟是受害者还是帮凶这个问题还有待商榷。这些作品多半是刻画广告人的小说和电影，与之前的骗子小说相比，无论是基调还是风格都有很大不同。的确，欺骗是这两类小说的共同主题，但骗子小说是以轻喜剧为主，广告人通常被塑造成骗子，广告业遭到美国群众的嘲笑和挖苦。好莱坞的浪漫喜剧沿袭了同样的风格，广告业的劣迹斑斑以及形形色色的人物仍然是公众揶揄的对象。但也有些描述说服者的作品是正经、严肃的，它们通常采取戏剧的形式，剧中的主人公因为事业上的挫折或道德的困境而深深感到困扰。这些作品的诞生和流行，不仅仅反映出“二战”后广告变得更加重要，也反映出随着极度物质主义，美国变成了消费的国度，公众陷入了深深的焦虑。我认为这种焦虑是由对物质的迷恋、缺乏真实信息、自我放纵、享乐以及泛滥的攀比心所造成的，历史学家丹尼尔·霍洛维茨（Daniel Horowitz）在他的作品《富裕的焦虑》（*The Anxieties of Affluence*）中曾经阐述过这种焦虑。整体来说，这个时期的广告人小说体现的是一种道德上的抗议。

最先发声的是一位广告业的变节者，从作品的影响力来看，他也是最重要的变节者。1946年，一部小说横空出世，它把广告人置于美国人的焦点中心，激起了轩然大波，那就是弗雷德里克·韦克曼（Frederic Wakeman）的畅销作品《广告员》（*The Hucksters*）。它以情景剧的故事形式，反映了广告与广播之间的关联。这部小说结合了犯罪与利己主义、忏悔与启示、罗曼蒂克与悲剧，以及社会的批判与道德的肯定等。这部小说的独特之处在于，它集中描写了资本如何操控广播，使广播节目不仅丧失了原有的高质量和多样性，也失去了创新性。韦克曼之前就出过书，更重要的是，他原先还在广告公司工作过，当时他主要参与广播广告的策划。因此，他对自己要写的东西，对这群掌管着美国市场和文化命脉的特殊人物，应该是了若指掌。换言之，是事实在说话。

人们对这本书期待已久，不仅麦迪逊大道的广告人翘首以待，广播行业的人员亦如此。出版商利用多种媒介对这本书进行了重磅推广，以激起公众的购买欲。颇为讽刺的是，也借助了广播广告进行宣传，而广播广告正是韦克曼声讨的主要对象之一。每月读书俱乐部也把这部小说列入针对普通群众的推荐书目，这就意味着这本书的销量有了保证。报纸的书评人很快就把这本书列为必读书目，他们认为该作品的启示意义重大，但书评人觉得故事里的爱情元素略显无聊。这本书卖出了750,000本，跻身那一年小说销量排行榜的前十。据报道，米高梅电影公司最后以200,000美元买下了这部书的电影改编权。这部作品加深了人们对广告和广播的负面看法，韦克曼让“骗子”这个贬义词又重新流行起来，这个词本来是指贩卖劣质品的小商小贩，现在却永远地印在了广告人的身上。

《广告员》讲述了一个男人不断抗争、找寻自我的故事，在一个充满对抗的时代与世界里，战争即将接近尾声，他更要守卫和坚定自己的男性气质。男主人公维克·诺曼是一名广告人，35岁，虽然不算年轻，但也未到中年，仍然潇洒英俊，魅力十足，很招女人喜欢，从战时新闻处离职后，他野心勃勃，最后在纽约的金伯利麦格广告公司谋得一份薪水丰厚的工作。小说用了相当的篇幅描写诺曼对广播广告如何驾轻就熟，如何不遗余力地打造出优秀的广播节目，从而为广告助力。但诺曼后来爱上了凯·多兰斯，这为诺曼的堕落埋下了伏笔。他现在不仅需要金钱，也要有份稳定的工作，这样他未来的生活才会有保障。他不得不缴械投降，屈服于领导埃文斯向每一个下级所灌输的“恐惧”：要是谁敢惹领导不高兴的话，他一定会让那个人卷铺盖走人。诺曼变成了一个奴颜婢膝的广告人，待醒悟过来之后，他对此深恶痛绝，并且立刻开始抗争。小说中他辞掉了工作，不为公司合伙人身份的诱惑所动，跟凯·多兰斯电话道别，把广告的腐化堕落拒之门外，既坚定了自己的男性气质，也选对了正义的方向。最后他一无所有，这个故事以悲剧告终，诺曼为了守住自己的男儿本色，不得不放弃美国梦。广告人是失败者，这就是韦克曼想讲述的真相。

对部分读者和观众来说，埃文斯实际上是这个故事中让人印象最深刻的人物。虽然埃文斯是肥皂生产商而不是包治百病的狗皮膏药生产商，但他却让人联想到过去的假药大亨。虽然公司老板也不止有他一个，但他是“广告圈的麦克阿瑟将军”，有着自己的广告理念和广告技巧。埃文斯声称所有广告都是骗人的玩意儿，“肥皂根本没有狗屁差别。除了香味和颜色，再花哨的肥皂它也就是块肥皂……要说真有什么不同，那就是推销和广告的不同”。埃文斯还给诺曼演示了什么样的广告才能成功：埃文斯咳了口痰，吐在董事会会议室的办公桌上，通过这个令人作呕的行为，他向诺曼展示了什么样的信息才能经久难忘，才能让消费者记住某种产品。

韦克曼把诺曼塑造成了一个心有悔意的角色，他想把广告业以及自己的过错说给每一个人听，但他好像又在刻意地塑造自我形象，他不放过每个机会，把自己塑造成一个锐意进取、风趣幽默又有想象力的广告人。他说他并不喜欢工作，工作的唯一理由就是为了挣钱，广告是他来钱的最快途径。诺曼经常故作真诚，只要注意形象和谈话方式，他就能让对方对自己的话深信不疑，对此他自鸣得意。他讥讽地指出，这就是他成功的关键。但道德操守的丧失与生命的虚无感依然让他感到疑惑。他渴望真实，渴望与真实世界的人和价值观产生关联。

娱乐周刊《综艺》（1946年5月22日刊）是较早评价这本书的杂志，它也奠定了对这本书整体褒大于贬的基调：《广告员》这部作品“非常棒”，是“对广告业有力的鞭笞”，“这一季最优秀的作品之一”，是“到目前为止反映广告业的最激动人心的作品”。这部小说切中时代背景，因为它不仅仅对广告业造成了冲击，也批判了广播业糟糕的状况。而且，它起到了抛砖引玉的作用，鼓励其他的批评者也把心中的愤懑表达出来。《华盛顿邮报》的书评人也借机猛烈抨击了无处不在的广播广告，“这些见缝插针的广告就像是痴呆症人写出来的”，多数是“对公众智商的侮辱，它们看起来热情洋溢，实则平淡无趣又毫无逻辑，散发着卑鄙的商业主义的气息，着实令人作呕”（1946年6月2日）。报纸杂志对这部书的评价各不相同，《纽约时报》在1946年5月26日所刊载的文章称，该书颇具霍加斯[1]风格；而1946年7月30日刊登的文章则把这本书比作广播界的《汤姆叔叔的小屋》；1946年8月1日的《哈珀杂志》发文认为该书非常像海明威的作品；1946年7月20日，纽约的黑人周刊《阿姆斯特丹新闻》发表了康斯坦斯·柯蒂斯的文章，作者指出《广告人》之所以重要，是因为它“为美国公众提供了一个契机，让他们能看清楚自己是怎么反复被欺骗，不停地买买买的”，滚动播放的广告喋喋不休，把再普通不过的产品吹得天花乱坠。根据资深文化批评人吉尔伯特·塞尔兹（Gilbert Seldes）的观点，读这本小说会让人心灰意冷，因为“庸俗又愚蠢的人在用他们的标准来决定广播节目应该是什么样”。这部小说像是一记响亮的耳光打在脸上，提醒公众该醒醒了，美国文化已经堕落。

该书把广告人塑造成完美的骗子，这点尤其吸引批评者们的注意。作者对广告人的困境及其结局的观点非常吸引人又合乎时宜。拉塞尔·马洛尼（Russell Maloney），第一位在《纽约时报》上发表评论的书评人（1946年5月26日），认为《广告员》讲述

1 威廉·霍加斯（William Hogarth），英国著名画家、版画家、讽刺画家和欧洲连环漫画的先驱，他经常讽刺和嘲笑当时的政治和风俗，后来这种风格被称为“霍加斯风格”——译者注

了一个非常精彩、热闹的故事，它细致地刻画了一群不可思议的人的不可思议的行为，这群人让美国变得腐化堕落。哈里森·史密斯（Harrison Smith）在《星期六文学评论》上撰文（1946年5月24日），指出广告界充斥着野心勃勃、贪婪自私的人，他们已经对自己的投机取巧、小聪明和俏皮话感到厌倦。《纽约时报》的第二篇书评（1946年5月27日）由奥威尔·普雷斯科特（Orville Prescott）执笔，他干净利落地对广告人与众不同的生活方式的种种不道德进行了总结，指出即使物质已经如此富足，他们仍然觉得自己离成功和富有的美国梦还有段距离。哈里森·史密斯说："他们打算攫到一大桶金之后就立刻洗手不干，不能让花天酒地、声色犬马的生活和巨大的心理压力毁了自己。"这些书评道出了该作品的教育意义。对于查尔斯·普尔（Charles Poore），《纽约时报》的另一位书评人来说，韦克曼这部小说的道德教化意义非常清晰："如果一个人赢得了全世界，却丢掉了自己的灵魂，又有什么用呢？（1946年6月30日《纽约时报》）。

《广告员》一炮而红，类似的作品纷纷面世，包括小说和电影。这些作品均刻画广告人或宣传者的生活，该浪潮直到20世纪70年代早期才偃旗息鼓。尽管这一时期的作品多带有文化批评和社会批评的意味，但通常比较含蓄，有时候让人感到啼笑皆非。赫尔曼·沃克后来在书的序言中说道，广播是肤浅的娱乐节目与冷血的广告节目的混合，与它对抗似乎显得有些愚蠢。这些作品更多反映了广告人道德上的焦虑，欺骗和自我欺骗在宣传体系中是司空见惯的事情，他们不得不面对良心的折磨。

福柯说：“忏悔催生出一种需要不断审视、剖析自我内心的文学种类，即忏悔文学。想在这类忏悔文学中找到真谛，无异于痴心妄想。”这种文学或许能取悦大众，但有文学素养的人读起来却感觉味同嚼蜡。比如，《时代周刊》（1958年11月10日）的书评中指出，垮掉的一代，包括纠结于自己的道德状态的广告人等，让人感到乏味厌倦。斯佩克特斯基（Spectorsky）认为这类小说过于浮华和肤浅，所以只能是伪文学艺术。加尔布雷斯（Galbraith）的指责最为尖刻，他戏谑地写道：“我的看法是，那些描写麦迪逊大道的小说对我们的文化构成了威胁，其危害程度不亚于广告。”

3. 春风得意

广告人的身份好像既含糊不清又具有矛盾性，它也与现代化让人的内心变得躁动不安这一人们普遍接受的观念不谋而合。显然，广告人的角色很好地融入了现代社会的大舞台。

有一部杰出的纪实作品，由一位功成名就的广告业内人士所创作，他笔下广告人的挣扎与焦虑，最后以喜悦和强烈的自我满足感收尾，这部作品就是大卫·奥格威的《一个广告人的自白》。

1982年，理查德·海夫纳对广告经理人大卫·奥格威进行了访谈，这真是个明智之举。海夫纳注意到，在20世纪50年代中期他刚入行的时候，广告是个热点话题，尤其是在知识分子中间。那时候的广告人是占据了舞台中间位置的反面人物。但到了20世纪80年代，人们对于广告的关注，以及“一想到广告人将永远存在就会扼腕叹息”这种想法几乎已经消失殆尽，至少海夫纳这么认为。除了对于政治宣传的议论，在社会性对话中难觅广告的踪影。海夫纳决心同美国最负盛名的广告人大卫·奥格威对话，以填补舆论中的空白。这是一个野心勃勃的决定，因为谈话的对象是奥格威，为了让美国的广告人沉冤得雪，或者说为了“让他们名正言顺”，他付出了巨大的努力。

奥格威在美国广告界的地位如此显赫，让人颇感意外。他甚至都不是美国人，他成年以后才来到美国，受聘于盖洛普民意调查公司，积累下了消费者调研方面的专业知识和技能。直到1948年他才创建了自己的广告公司——奥美。但到了20世纪50年代，奥格威凭借自己出众的创造力，在麦迪逊大道享有盛名。到了20世纪60年代早期，奥美已经跻身纽约一流广告公司，营业额达到几千万美元。迅速崛起的奥格威把自己打造成超凡脱俗又独具魅力的商界人士和公众人物：他不仅仅是一位绅士，也是广告业的贵族，人们封他为“麦迪逊大道的国王”。他是广告人自我形象塑造最成功的案例之一。

奥格威1963年出版的回忆录《一个广告人的自白》大获成功，从而进一步稳固了他的地位。这本书盘踞畅销书排行榜长达五个月，短短半年内印刷了六次，最后卖出了100多万本。业内人士也对这本书交口称赞。从巴纳姆的自传出版到现在，美国广告业就再也没有过如此畅销的传记作品。

这本书最大的卖点是它令人难以抗拒的诚恳。平装本的简介这样写道：“该书诚恳坦率……兼具趣味性和文学性，发人深思，不失为一部杰作。”也有人称它是最真实的作品，说奥格威知无不言，没有一丝隐瞒，披露了广告业的秘密。实际上这本书充满了戏剧色彩，奥格威把它当成一个舞台，他通过扮演一系列角色来娱乐和教化观众。这本书某版本的封面上印着奥格威的肖像，他坐在大扶手椅里，穿着粗花呢夹克，嘴里叼着烟，俨然一位饱经风霜的哲学家。“我一辈子都在为广告里的产品说好话，”他在回忆录的开始写道，“我希望你们在购买产品时能获得快乐，就像我替它们做广告时感到快乐一样。”

这本书同样受到了下一代广告人的青睐，因为它是广告人的行为准则，是广告人门读物。另外，《一个广告人的自白》也不乏对广告业的讨论和描述，奥格威有时会把读者领到后台，他并不指望读者能欣赏广告人的所作所为，但必须让他们知道广告人为什么要这么做。奥格威希望公众能够理解自己的行业。这就需要他对广告做一番解释，于是奥格威把自己定位成一个改革创新者。他在书中简要地提到了广告人是如何名声扫地的，介绍了英国人对广告人的鄙夷、美国生意人对广告的反感，以及公众对铺天盖地的广告的厌烦。他也承认自己能理解公众的不满，有些广告的确“粗俗无趣”，枯燥无味又过于招摇。他在书中还提到希望能取消广告牌、政治宣传广告和鱼龙混杂的电视广告。

他还断言，成功的广告人的才华和天分未得到大众的认可和赏识，这是一件很可悲的事情，但他的说法并没有得到证实。他的证据是鲜有广告人能做到政府部门的最高职位，跟记者、律师和教授相比，更是少得可怜。“高级广告人才更具备发现问题和机遇的能力、设置短期和长期目标的能力、评估结果的能力、领导大量管理人员的能力以及按照预算执行任务的能力。”奥格威写道，“多年来我悉心观察其他广告公司的比我优秀和比我资历高的人，我敢说，跟法律行业、教育行业、银行业以及新闻业的同等资历的人相比，他们更客观、更理性，做事更有条不紊，更有活力，也更努力。”也就是说，对于广告经理人的忽视是整个国家的损失。更确切地说，广告人应该像其他受到认可的行业的专业人才一样，因为出色的领导力而得到大家的尊重。

首先，他拨开迷雾，强调广告公司跟其他种类的创意工作并无多大差异。在书的第一章，他回顾了自己“二战”前在巴黎的美琪饭店当厨师的经历，美琪饭店是当时法国最好的饭店，厨房领班皮塔先生严厉无比，其他人都怕他怕得要死，但皮塔先生厨艺精湛，也很会鼓舞士气。奥格威把第一章命名为“怎样经营广告公司”，因为他从皮塔先生那里学到了最基本的领导技能，领导要令人敬畏，才能管理好团队，这一点尤其重要。他还列举了十种自己欣赏的行为（第一条是吃苦耐劳）。在奥格威看来，一个实验室、一份杂志、一家建筑设计所、一家饭店或是一家广告公司成败的关键，在于它是否能把富于创造力的人招募到自己的旗下，并且管理得当。奥格威当然认为自己是有这个能力的。他认为这样的人通常都敏感易激动，才华横溢又特立独行。他引用了一位学者的话来说明自己的观点：“有创造力的人观察力都特别敏锐，并且和其他人相比，他们更看重精准观察。”这其实是他的一面之词。另外，他还吹嘘这类人的脑容量更大，与潜意识的联系更深入，整合信息的能力也更强。如此一来，奥格威就把广告人和科学家、艺术家，当然还有厨师领班挂上了钩。实际上，他还在书中指出，被恶意中伤的广告人其实是更优秀的人才，跟普通人相比，他们更能洞悉人生。

但广告人也不能凭空想象，不食人间烟火。广告人的首要任务是帮助客户把产品卖出去，对此奥格威讲述了寻找新客户的过程给他带来怎样的快感，又带来怎样的痛苦，以及失去一个客户时他有多难受。在奥格威看来，广告人的生活是由一系列的推销建构起来的，他强烈抨击那些把创造力凌驾于买卖之上的广告人，他们只想着得创意大奖，而不是想着把产品推销出去。“广告人的职业责任，就是要让自己的宣传技巧不显山露水。”奥格威认为需要限制广告业对创造力的过度追捧。他说：“我有我自己的信条，这个信条以对人类行为的观察为基础。”奥格威尊克劳德·霍普金斯为自己的导师，他和霍普金斯一样，都认为广告学是一门科学，将研究和经验相结合，才能找到推销不同种类的产品的正确方法。书中奥格威决心要“正确地做广告”，好像正确的广告宣传甚至能具体到标题应该有多少个字。他的固执并非装腔作势。广告的科学性和确定性对广告人的身份有着至关重要的意义，这样一来，广告人就是（可能是）学识满腹又实事求是的人，他对客户之所以能够信誓旦旦，是因为他掌握了推销的科学规律。

奥格威花费了不少笔墨向读者解释什么是广告方案，他在书中称之为“提案”。提案在销售链中是最重要的一个环节。

> 像助产士一样，我靠接生为生，不同的是我迎到这世界的新生儿是一则又一则新广告。每周我总要去我们的“产房”一两趟，主持提案会。这个仪式难得吓人，通常有我和我手下的六七个人以及客户公司的重要人员参加。气氛非常紧张。对方知道我们的诉求，他们一旦同意广告提案，将要支付百万美元的广告费用。而我们

广告公司为了某项提案，已经提前投入了大量的时间和金钱。

提案势必离不开各种谋略和手段。它就像是一种仪式、一种竞赛，真假掺杂其中。有时候人们把它比作一场戏剧演出：会议室就是个舞台，形形色色的广告人使出浑身解数来说服观众，而这里的观众是为他的广告方案埋单的人。它也是一场博弈，客户公司与广告人你问我答，提出意见，就是想弄清楚某个广告策略是否有价值。

提案会简直就是一场权力的角逐，广告人必须进行充分的准备、演练，斟酌话语，只有这样才能说服客户。有人说提案会是一场意志的竞赛，但奥格威不那么认为，他认为提案必须有大量市场信息与消费者信息作为数据支持，虽然奥格威知道有些客户公司的董事长并不喜欢统计数据。广告公司的策划部门通常是久经沙场的老手，他们要先审查提案；要调查潜在客户的资料，从而对客户心理有一定的了解。会上通常有一个发言人来压倒对方气势，多半是奥格威自己，他得让大家上下同心，让客户知道公司的高层也没闲着，很重视这桩买卖。最后的结果往往是一项妥协：奥格威强调两方达成一致的重要性。但有时候事情也会搞砸。有一次，他在午餐过后给某客户展示提案，结果对方很快就睡着了，醒来后客户情绪很糟，断然拒绝了奥格威耗费了好几个月时间准备的方案。“不会展示提案，你就永远也成不了高级客户经理。”他告诫读者。提案是广告人的终极竞技场。

奥格威极力吹嘘自己特有的广告方式——彬彬有礼、相敬如宾。奥格威对广大消费者的智慧给予了相应的尊重，而他的广告方式正以此为基础。“消费者不是低能儿，他们是你的妻子”，《一个广告人的自白》中不乏类似的箴言，但这句最为人所熟知。它说明了奥格威的观点——消费者是理性动物，最喜欢事实和逻辑。他含蓄地否定了消费者的大脑是“弗洛伊德的大脑”这种观点，认为广告人不应该操控大众，而应当教化大众。广告人必须具有良好的品味，既不能引起公众的不适和不安，也不能一味地谋利。广告应该富有魅力，不能低级趣味，哗众取宠。无论广告宣传是如何大胆创新，独辟蹊径，都应该给消费者一个正当的理由，即为什么要买广告中的商品。他说：“向消费者提供新产品的信息是广告的功能之一。”他在书中提到自己最著名的广告之一——为劳斯莱斯做的广告，其中，他只给消费者提供了“事实”。他表现出对于“文学性广告”的厌恶，广告中“华丽的辞藻”和“空洞的话语”遮盖了产品本身，无法凸显产品的价值。美国文化受到共和制公民意识形态的影响，推崇文字朴实的传统，奥格威试图凭借这种传统来为广告正名。这一传统看重信息透明的价值，主张语言所表述的内容应该与事实完全吻合，实事求是。

他的回忆录散发出浓浓的男性气息。按照前辈的做法，他把广告业描述为竞争残酷、风险极大的行业，稳定的工作和收入几乎是遥不可及的梦想。不同于律师和医生，广告公司经理在“悬崖峭壁上行走”，因为他可能一夜就输得精光。奥格威热情地赞美自信和自我独立，甚至认为某种程度的自我欺骗能给新入行的广告人或年轻人增加拼搏的动力。“高贵的读者们，要是书中自我标榜的自白让你们感到震惊的话，我只好为自己辩解一下，如果我在职业道路上按部就班，可能还要20年我才能取得今天的成就。我既没有钱，也没时间等待。我原来只是一个籍籍无名、急于成功的穷小子。”功成名就之后，他开始强调独立的重要性。他不会再用投机的广告方案来赢得新客户，也不会只听从公司老员工的主张就雇用某个新人。他也不愿意接大客户的生意，“因为一旦大客户流失，后果我承受不起。从接下生意的那天起，你就不得不生活在恐惧中。如此一来，战战兢兢的广告公司就丧失了直言不讳的勇气；而一旦丧失了这般勇气，你就成了低贱的奴才”。他推掉了不少生意，“想想看，我们推掉的客户数量三倍于我们被客户辞掉的次数。手下的员工被‘暴君’所欺凌，这是我绝对无法容忍的，我也不能接受客户对广告策划指手画脚，除非我认为他的见解是合理的”。奥格威居然还专门用了一章的篇幅，讲故事，立规矩，告诉读者如何做一个优秀的广告客户。奥格威心目中的广告人与美国人所推崇的独立的自我非常接近。

这本书里最有意思的地方，是奥格威极力主张真实。奥格威似乎打算做20世纪的本杰明·富兰克林，富兰克林笔下的穷汉理查说过一句名言，“诚实乃上策”。他还提到了坦率和客观，号召广告人对待客户要诚实，要勇于承认自己的错误，也要大胆地指出客户的错误和产品的瑕疵。广告人必须对自己推销的产品有信心，他强烈支持广告公司的员工使用客户产品这一常规做法，认为这本身就是广告真实性的标志。奥格威自己穿着海瑟韦衬衫，开着劳斯莱斯，加的是壳牌的汽油，吃的是佩珀里奇农场面包，喝的是波多黎各朗姆酒配舒味思柠檬汽水——都是他客户的产品。另外，他还告诫道：“一个广告人如果鼓动消费者去买某产品，却不让自己的妻子买这种产品，这是极不诚实的行为。”广告人的职责既不是撒谎也不是骗人，也不仅仅是说真话，他还得让真话能打动消费者。谎言很快会被戳穿，广告人的名声、客户的名声还有广告行业的名声就是撒谎的代价。奥格威承认自己广告中的确偶尔出现语焉不详，但他又说广告人隐瞒事实是人尽皆知的事情，因此这么做并无不当。“你怎么能指望广告人在广告中说自己产品的缺点呢？一个人只展示自己最好的一面并算不上什么罪行。”广告人再次有了撒谎的理由，但这个理由微不足道。

奥格威的观点只是貌似有理。他所创作的最出名的、他最津津乐道的广告，就是劳斯莱斯的广告。“每小时60英里，劳斯莱斯最响亮的噪音来自电子钟”，这是几乎不可能的事情，“最响亮的噪音来自电子钟”是彻头彻尾的夸大，毕竟要考虑各种各样的路况。书中还有其他类似的例子，都说明奥格威对真相进行了选择性的忽视。他在书中吹嘘自己为美国旅行社写的广告有多真实，他告诉欧洲人到美国旅游一周的花费只要35英镑。他声称这个金额是“经过仔细核实的”。他派人去了解纽约的一家令人满意的旅店，住一晚上只要6美元！你或许会好奇怎样才算得上“令人满意”，房间是否能容纳一家人，这家人的经济条件又如何？批评者也的确指出一周35英镑低得让人难以置信。但奥格威在反驳时引用了德国某财经报纸的说法，该报纸称赞他的广告“介绍了真实情况”。广告宣传的结果令人瞠目结舌：八个月之后，法国人、英国人还有德国人到美国旅行观光的人数，比之前大约增长了四分之一到五分之一，从而压倒了批评的声音。“空谈不如实践。”他回忆道。真实再次成为一种可伸缩的属性，可以夹杂一些编造出来的内容——只要能达到目的就行。奥格威说自己是个讲真话的人，这是不是意味着他要么是在骗别人，要么是自己骗自己？也未必，奥格威在实践中遵循实用主义的道德准则，认为结果才最重要，这种道德立场受到学者和群众的广泛支持。奥格威告诉世人，他是一个实用主义者，他与20世纪头几十年的广告人如出一辙，被世人颂扬，也遭受世人嘲讽。

那么奥格威是否破解了“广告人的困境”这个难题呢？如果说这种困境对广告人来说是一种折磨，那么奥格威算是部分解决了这个难题。他和广告业的同行们达成了一致。这或许是该书大受欢迎的另一个原因。广告人所处的状态是否是困境，取决于看问题的不同方式。读者在《一个广告人的自白》中看到的是广告人的辉煌、自信和志得意满。他不是骗子，而是个实话实说的人；他也没有蛊惑群众，而是教化群众；他没有假装内行，而是值得客户信任的专家；他不会见利忘义，而是个有底线的企业家。讽刺的是，他已经跻身既得利益阶层，脱离了职业管理阶层，同时也与绝大多数广告雇员分道扬镳。奥格威承认自己也有艰难的时候，他在提案会上特别焦虑，担心自己的英国口音可能把快要到手的生意给搞砸了。他也强调广告业是没有保障的。《一个广告人的自白》交代了广告人模糊的或者说复杂的身份：他既是一个有创意的梦想家，也是一个技术专家，凭借这两种不同的技能，他才能在商界和社会中发挥作用。奥格威把最先由巴顿、霍普金斯和卡尔金斯共同提出的观点进行了修改升级——广告人实际上是生命政治体中的一员，他们创造需求，让生活变得更美好。

后来，奥格威与广告业的关联发生了巨大的改变。他的公司蓬勃发展，但奥美不再是一家靠创意取胜的炙手可热的公司，而是在业界享有声誉的老牌公司。奥格威也褪去了广告奇才的光环，或许是因为他对文字驾轻就熟，但并不擅长运用图像，而20世纪60年代广告的主要战场是电视。长江后浪推前浪，新的广告人取代了他的位置。1973年，他辞去了奥美董事长的职务，离开美国，隐退到法国的庄园，隔空指挥公司事务。尽管在欧洲的岁月好像让他对美国的电视广告越发失望，但他对广告的看法却几乎没变。在海夫纳的访谈中，奥格威所表达的观点与早年的看法几乎如出一辙——江湖骗子已经成了过去时。在新书《奥格威谈广告》（1983年）中，他还指出，长久以来广告和广告人名声扫地说明了公众的执迷不悟，在他看来，广告人诚实坦率。该书吸引了很多读者，奥格威在书中列出了许多行为准则和警句，这本行业指南和前作一样大受欢迎。

奥格威斯斯文文的销售方式，对诉诸理性广告方式的推崇，都体现出广告人对于进退两难之困境的担心是一种社会机制，这种社会机制所带来的道德约束与行业所必需的吹嘘捏造之风之间的冲突，对有些广告人而言，是难以承受的负荷。广告人的身份好像既含糊不清又具有矛盾性，而内心的抗争则捕捉到了广告人身份的本质，它也与现代化让人的内心变得躁动不安这一人们普遍接受的观念不谋而合。显然，广告人的角色很好地融入了现代社会的大舞台。

04 PART

第四部分 反弹

米奇，你是个小伙子，刚刚晋身星级阶层。但你手中的权力足以呼风唤雨。你只消说几句话，几周或者几个月过后，千千万万消费者的生活就会被彻头彻尾地改变。有句老话你应该听过，权力让人变得尊贵，绝对的权力则带来绝对的尊贵。

——《太空商人》（*The Space Merchants*）

上述一段话来自福勒·肖肯（Fowler Schocken），他是弗里德里克·波尔（Frederik Pohl，波尔做过广告文案，所以他也算是广告业的从业者）与C.M.科恩布鲁斯（C.M.Combluth）合著的科幻小说《太空商人》中广告人的最高领袖。“米奇”是指米切尔·考特尼（Mitchel Courtney），他是星级文案，肖肯手下最有才华的男孩之一。考特尼与肖肯都是特权人物，他们生活在未来的美国，那时候的广告公司已经是美国最具影响力、最有钱的公司。在这个反乌托邦的国度里，社会等级森严，只有极少数的精英（有时也称作“行政官”）才能享受生活，他们还统治着广大消费者。消费者资源匮乏，只能买到垃圾产品，还得替特权阶层做苦工。于是，商界向广告业发起了残酷的战争，以争取对生产和经济的控制权，他们的直接目标是未开发的火星。

《太空商人》之所以引人注目，是因为它刻画出了广告业的未来景象——虽然管理松散，却是施行统治的有效工具。肖肯的话只不过是把阿克顿男爵[1]的那句名言反了过来，这些广告人对“弗洛伊德的大脑”深信不疑，早就把诉诸理性的广告方式抛到了九霄云外。他们不仅对消费者狂轰滥炸，而且使用的语言和图像极度煽情，还包含性和死亡的信息，利用各种各样的生理刺

1　阿克顿男爵（Lord Acton），19世纪晚期英国著名史学家，曾说过“权力使人腐化，绝对的权力使人绝对的腐化”。——译者注。

激来控制消费者的潜意识，用肖肯的话说，要重新规划和培养老百姓的习惯，好满足商业的需求。他们所推广的香烟和咖啡替代品对人体有害，却几乎是全世界人口的日常必需品，其中所含的成瘾物质能帮助他们进一步奴役不幸的群众。人口过剩与过度消费让地球资源几近枯竭，广告人所面对的主要敌对力量来自“资源保护主义者”所领导的反抗运动，他们不断镇压资源保护主义者。广告人预见到未来环保人士会对广告和游说所造成的恶果强烈不满，而那就是他们的噩梦。《太空商人》大获成功，被翻译成多种语言，得到了世界范围内读者的青睐。

1. 广告的罪恶

> 把数量惊人的产品卖给老百姓不是美国独立战争的目的，也不是人类的真正目的。

“无论如何，广告都是罪恶的。”说这话的人是阿诺德·J.汤因比，英语世界最著名的历史学家之一。他对广告的厌恶与他对现代社会的看法相近。1961年，汤因比愤怒地谴责了广告业的阴谋诡计：

> 在当今的西方世界，广告和与广告有关的一切引诱着大众，引诱整个社会走上歧途。人类所拥有的大部

分东西，无论是能量、时间还是物质资源，都被浪费在引诱老百姓上，引诱他们卖命地工作，好挣钱去买更多的物质商品。麦迪逊大道的阴谋诡计让我们变得分外贪婪。广告人的手段就是不露声色地俘获消费者，绝不给他们察觉的机会。要是这个阴招不管用的话，他们还有心理学作为后盾。如果还不奏效，他们就干脆恫吓、胁迫消费者。这时我们要抵抗的是内心的敌人。广告人从内部发起攻击，因此他们比外部的敌人更难对付。我们要把内心的敌人外化。我认为西方文明的命运更多地取决于我们与广告业的斗争结果，而非与共产主义斗争的结果。

汤因比接着指出：

广告既与基督教的传统相矛盾，又与美国精神相悖。倘若基督再世，他定会断然拒绝这种处心积虑、具有威胁性的诱惑。美利坚的开国元勋们亦如此，因为把数量惊人的产品卖给老百姓不是美国独立战争的目的，也不是人类的真正目的。[1]

1 引自*Advertising: The Real Enemy*（1961年9月22日《时代周刊》）。

汤因比的言论自然引起了媒体和广告界人士的注意，尤其是那句关于西方文明命运走向的断言。汤因比的观点固然极端，但他的抨击也标志着新一轮反广告的浪潮，这股浪潮已经对广告业发起了严肃的挑战，因为广告已经掌控了美国。反广告浪潮卷土重来的时间要晚于汤因比发表这番言论的时间，且很快便席卷美国。它与电视广告的迅猛发展有关，在20世纪50年代，电视广告已经征服了美国的千家万户。根据美国广播史学家艾力克·巴尔诺（Erik Barnouw）的统计，到1957年，有四千万家庭（占当时的美国家庭总数的85%），平均每天要看5小时的电视。这意味着广告在美国人的家庭空间和个人生活中的比重大幅增长。与报纸广告、杂志广告和广播广告相比，无休无止的电视节目中插播的广告更让人无处可逃，因为电视既有声音信息，也有图像信息。

不过，反广告浪潮的复兴与历史学家丽莎贝兹·科恩（Lizabeth Cohen）所称的“消费国家”的成功缔造有更大的关联。她指出，美国在“二战”后达到了历史上前所未有的繁荣。但权力的运作势必会激起某种形式的反抗。美国人的生活方式以过度消费为核心，这对公众的价值观造成了威胁，尤其是知识分子阶层的价值观，大家都觉得那个时代的物质主义既令人惶恐，又触犯了道德。部分批评的焦点对准了麦迪逊大道，它是大行其道的广告宣传的源头，广告把美国老百姓调教成“买方公民”，这个说法是科恩提出来的，如果“买方公民”的个人欲望得到满足，国家也会从中受益。

广告对个体以及美国文化产生了怎样的影响，这才是人们更担心的事情。有人认为，广告人改进或进一步发展了以社会科学尤其是以精神分析学说为依托的新型精神控制技术。批评者们再次提起了社会环境的主题，认为谎言如同虚拟网络，罩住了可怜的老百姓，而始作俑者就是麦迪逊大道。他们还深入地讨论了另一主题——广告人的过错。他们认为，“消费美国”饱受各种各样的社会问题和道德问题之苦，广告人既然有过错，他们就得为这些问题负责。“广告有害”的观点一度在社会性对话中占据上风。

第二波反广告浪潮的开山之作是加拿大教授马尔·麦克卢汉的《机械新娘》（*The Mechanical Bride*），这本书刚出版时鲜为人知。麦克卢汉当时算是北美知识分子圈里既义愤填膺又敢直言不讳的高知之一，他怒斥大众文化的粗俗与道德败坏。麦克卢汉在某种程度上受到精神分析学说的影响，至少他用了弗洛伊德的理论来对美国进行心理分析。他主要是通过杂志广告来解析美国人，《机械新娘》的副书名是《工业人的民俗》（*Folklore of Industrial Man*），麦克卢汉利用小说创作的手法对他眼中的美国消费社会的谬见、梦想以及习惯进行了探讨，非常富有想象力。广告人是这场悲剧的罪魁祸首，麦克卢汉认为，麦迪逊大道与好莱坞的双头垄断，给软弱的美国人的思想中灌输了过多的幻想和谎言。公众对公关销售的抵触就如同镜子的表面，广告人总是能凿开镜面，闯入镜子后面的爱丽丝奇境，那里到处都是毫无理性的冲动和欲望。美国群众从来没有遭遇过如此大规模的广告培训运动。麦克卢汉有很多奇思妙想，这本书总共59章，章节标题很有特点，比如，“爱神装配线”或者“自恋的硬汉”，它涵盖了众多主题，比如，情色销售、计划性报废、潜意识的利用、社会环境，甚至是市场调研员（尤其不道德的行业），对后来的批评者产生了影响。但《机械新娘》刚出版时并没有引起公众的注意，只卖出了寥寥数本。后来随着电视的普及，麦克卢汉作为专家才被公众所熟知，他的作品也因此得到了更多关注，虽然那时候他已经改变了当初的立场，观点不再是满腔怒火与精神分析学说的杂合。

大卫·波特（David Potter）的《富足的人》（*People of Plenty*）也非常具有想象力和创新性，但与《机械新娘》迥然不同。波特更像一个传统学者，他是知名历史学家，立场相对保守。波特首先在书中解释，美国人性格的单一性是物质富足的结果，他认为物质条件决定了国民生活的本质。物质富足的一个关键部分就是广告，波特专门用了一章的篇幅对广告进行了探讨。他还说广告人的罪行是大量当代讽刺作家、怀疑论者以及针砭时弊者最钟爱的话题。但波特只对广告如何改变了文化感兴趣，尤其是社会如何以生产为中心转移到以消费为中心，他说：“它掌控了媒体，能力巨大，不仅能左右大众标准，也是为数不多的、具有社会控制功能的行业之一。”可悲的是，广告公司不同于学校和教堂，它既不具备让公众赎罪的社会目标，也没有改善人性的道德需求。波特认为，这是广告的影响力引发巨大社会关注的原因。广告总是为物质主义推波助澜，它创造需求，激发嫉妒心和攀比心，对此他深感惋惜。他认为广告控制了大众媒体（除了书和电影），这又回到了50年前塞缪尔·霍普金斯·亚当斯的观点。报纸、杂志和广播已经变成了媒介载体，其首要功能不是为了活跃思维，而是为了吸引受众，把人的低级感官出卖给广告人，结果造就出一种充斥着虚无的大众文化，而公众亦步亦趋，缺乏差异性，观点雷同。麦迪逊大道的统治让每个人都喜欢上自己购买的东西，弘扬了消费的物质主义价值观。很明显，波特担心，如果不约束广告的影响力，后患无穷。

万斯·帕卡德（Vance Packard）也是一位记者，他是“二战”后第一个以非小说的形式向广告发起进攻并获得广泛关注的批评者。他的作品可以与十年之后的《广告员》（*The Hucksters*）相媲美。20世纪50年代末，帕卡德创作了杰出的三部曲，这三本书所讨论的主题都是富足的物质和富裕的生活，是当时的畅销书。帕卡德诊断出了美国的病灶，但没有给出具体的治疗方案，也缺乏理论的支撑；其中不乏耸人听闻的逸事传闻，充满了对现代化美国的道德义愤，尤其是对权威玩弄阴谋诡计的愤恨，但也会抚慰读者，让公众不要对美国丧失信心。一个社会批评家能如此成功地把握并利用时代的焦虑，这是很少见的。《隐形的说服者》（*The Hidden Persuaders*）是三部曲中最先问世的一部，这本书占据畅销书榜单冠军位置大约一年之久。《攀附权贵的人》（*The Status Seekers*）盘踞畅销书榜单首位四个月，并在榜单上停留了一年。《垃圾制造者》（*The Waste Makers*）遭受的批判最为极端，在榜单首位仅停留了几个月，不过一直到半年后才被挤出榜单。帕卡德成了美国读者最多的非虚构类作家之一——他的作品丰富了美国语言，最具代表性的就是《隐形的说服者》，就像"江湖骗子"（hucksters）这个词一样，"隐形的说服者"成了广告人、公关顾问和营销人员的代名词。帕卡德不仅财运亨通，还成了小有名气的人物，四处发表讲话，在电视上频频露脸，为杂志撰稿，获得各种奖项，还有很多崇拜者给他写信表达钦佩之情。1996年，帕卡德去世，他对广告的口诛笔伐被后人铭记。

帕卡德是一位激进的道德主义者，对美国农村和乡镇的美好设想是他创作的根基。他支持个人主义，对精英阶层包括商界人士、政客、广告人、学者等所行使的权利抱怀疑态度。帕卡德对"消费国家"美国的诊断反映出他对早先的美国人民以及他们的道德观和社会观的向往和眷恋。帕卡德传记的主要作者丹尼尔·霍洛维茨（Daniel Horowitz）称他笃信生产者道德观（而不是消费者道德观），该道德观强调真实可靠、朴素、勤劳、公民责任、个人独立、自我约束等。

1956年，帕卡德的主要经济来源《美国杂志》（*American*

Magazine）宣告破产，他不得不做起了全职作家。他得写出受欢迎的作品，才能避免个人财政危机——如果能写出畅销书就更好。之前他选了一个跟广告有关的话题，写了一篇稿件给一家杂志社，但那篇稿件并没有登出来，他怀疑是因为该杂志当时正在进行广告招商。《隐形的说服者》是三部曲中最具轰动效应的作品，因为它利用了20世纪50年代冷战气氛下人们对洗脑的普遍恐惧心理。帕卡德主要关注的是动机研究，也就是把社会科学的研究结果，尤其是精神分析学说，应用到产品的销售中去，目的是调动人的潜意识。比如，《隐形的说服者》1958年的平装本封面上印着许多诱导性的问题，“我们只买某些产品，只相信某种言论，只投票给某个候选人，是什么让我们做出特定的选择”，或者“为什么男人看见橱窗里展示的敞篷车就会联想到情妇”，或者“为什么女人逛超市的时候会被红色包装的产品所吸引”。同年，该书英国版的封面上则印了一张人脸，两眼中间有个红点，一个巨大弯曲的黑色非写实箭头指向红点，寓意大脑将要被攻击。后来，加拿大版本的封面图，是一只熟透了的红苹果被拴在鱼钩和鱼线上，象征着无知和不幸的人将受到蛊惑，就像亚当和夏娃。这个封面表明，这本书是对现代社会中的罪恶和阴谋的揭露和声讨。

消费者对不同广告会有不同反应，用心理学的方法来理解这个过程就是动机研究。“动机研究”是后来出现的新名词，可以追溯到20世纪初，沃尔特·迪尔·斯科特等学者开创了心理与市场营销研究。但帕卡德忽略了这段历史，从“二战”后开始写起。他认为“二战”后的经济发展让物质产品如此富足，以至广告不得不用新的方式来逼迫美国人过度消费。他关注“二战”后的动机研究心理学家，比如，欧内斯特·迪克特和路易斯·蔡斯金，他们为企业和广告公司提供服务，就像市场营销专家一样，他们知道如何刺激消费者。这些心理学家就是在自我吹捧，但总有公司（比如，韦斯盖勒广告公司，发家前就是一家小公司）心甘情愿地为之买单，帕卡德大量参考了他们所说的话，书中随处可见形形色色的奇闻逸事。他在书中还列举了很多故事性的心理测试，让读者判断酗酒的人是怎样的“变态”（如偏执狂、施虐狂等），或者经期对女性的购买欲望会产生怎样的影响，又或者“钢笔的性暗示和肉欲隐喻”。许多测试愚蠢至极，也有一些故事令人惶恐不安，比如，帕卡德解释了广告人和动机研究专家是如何以年轻女孩为靶子，把她们调教成优质消费者的。帕卡德还指出，动机研究专家已经渗透到了公关行业甚至政治领域，比如，在1956年的美国总统大选。最惊悚的是动机研究的前景，它会非常先进，根据帕卡德的预想，到2000年，“生物物理学家”就能发明“生物电控制”技术，通过某种方式将人的大脑连接到机器上，电信号可以决定人的“心理过程、情绪反应以及感官感知”。从某种意义上而言，这本书算是了解家人、朋友和邻居的古怪行为的指南手册。从另一角度来看，帕卡德的书也是动机研究的指南手册，是对这股潮流的变相宣传。事实是帕卡德夸大了动机研究在广告圈的影响力，这也是该书时至今日仍然备受争议之处。

帕卡德给动机研究心理学家的称谓可就多了，比如，“动机分析学家”“挖掘深度的人”“符号操控者”，以及“专业说服者”，他们兼具市场调研员与广告人的双重身份，他们努力与美国大众的潜意识直接对话。帕卡德列出了他们探究潜意识的各种手段，比如，深度访谈、投射测验、故事疗法或心理剧疗法、催眠等。结果信息被掩盖了，或者说被“隐藏了”，大脑的逻辑中心探测不到，帕卡德认为这非常危险。广告人利用图像、色彩、符号等与本我直接沟通，这些隐藏的信息力图利用人性中的欲望和缺点，例如，人类害怕失去、害怕困窘，人有嫉妒心与性冲动，人对放纵的渴望等。他们蓄意设置诱因，让超市里手足无措的女人或者展销厅里惊叹不已的男人爽快地掏钱，至于需不需要、是否物有所值，完全不考虑。他们把普罗大众看作一群爱做白日梦的人，内心隐藏着不为人知的欲望，有犯罪情结和非理性的情绪障碍；认为大众习惯于冲动和非理性行事，喜欢图像刺激。帕卡德所看到的一切都是对理性的攻击。这种新型的广告方式的目的就是要鼓励人性中非理性和冲动的一面，使大众丧失人的尊严。他又写道：“人类奋斗至今，就是为了成为理性的、能够自我引导的生物，但很多动机研究似乎表明人类在倒退，而非进步。”书的最后一章名为“道德的疑问”，帕卡德在此提出了一系列问题，他质疑的是这些操控大众的广告如何能合乎道德。让帕卡德深感困扰的是，看起来完全不道德的广告，其实是对大脑的入侵。帕卡德在书的结尾宣告了个体的神圣不可侵犯性以及保护隐私权的迫切需要。

两年后，帕卡德通过《攀附权贵的人》对自己亲眼所见的社会现状进行了批判——阶级和社会地位是能够向上流动的，这个理念在美国很盛行，但其实它不过是大众的痴心妄想。帕卡德主要以社会学家的作品为依据，着力描述了美国的阶级差异，也提到了种族和宗教信仰的差异，这些差异把美国人划分成了不同的群体和阶层。阶层日趋固化，美国人很难提高自己的阶级，所以很多人指望着用金钱买来地位。帕卡德发现美国人正疯狂消费，以稳固自己的社会地位，就像着魔了一样，他认为这完全没有必要。如此打肿脸充胖子，这是谎言打败了真实的又一个例子。广告人再次难辞其咎，至少他们得承担部分责任。帕卡德把广告人称作“贩卖贪婪的商人”，因为他们会利用群众想往上爬的强烈渴望。他们首先要点燃群众的地位焦虑之火，接着努力去说服他们在客厅里摆上时尚的家具或者购买一辆新款道奇汽车，来显示他们的社会优越性。这体现的根本性问题在于，广告中的欺骗最终一定会引起社会动荡，尤其是在经济萧条时，渴求地位的人会发现自己的社会成就其实是虚有其表，而资不抵债却是板上钉钉的事实。帕卡德在书的最后引用了一个真实广告人的愤慨之词，结束了这场批判：“广告是造成20世纪社会动荡的罪魁祸首。”

三部曲的终章抨击的范围最广，也最激烈。《垃圾制造者》（*The Waste Makers*）也是帕卡德对消费社会的批判作品中最激进的一部，他重新解读了现代化的美国，认为它是个挥霍浪费的社会，是个反乌托邦。在帕卡德看来，其他评论家眼中的物质富足很容易就会演变成供过于求。只有不断逼迫群众过度消费，经济增长才能持续下去。想要避免供过于求的局面，只能把老百姓都变成贪心不足的人。解决之道就是计划性地淘汰已经购买的产品，尤其得让消费者有淘汰产品的欲求，真是可悲。很多公司故意生产出时髦花哨但粗制滥造、很不耐用的产品，这有悖于帕卡德所支持的生产者道德观。生产商用样式、时尚和新产品逼迫消费者就范，他们别无选择，只能尽快扔掉已有的物件，购买最新产品。结果是个人债务的增加和集体性的贫穷、商业寡头的崛起、环境污染、资源枯竭、垃圾成堆的农村以及对进口原料的依赖。后来的环保主义理论家比尔·麦吉本（Bill Mckibben）称《垃圾制造者》开创了环保的先河，帕卡德则被视为环保先锋人物。

帕卡德认为，那个时代的骄奢淫逸，更多的是广告人的过错而非商业，但这并不合逻辑。他指出，广告人已经主宰了美国的经济和文化：

> 随着广告人的财富与日俱增，广告人对所有美国人的行为也产生了巨大的影响。很大程度上他们已经主宰了美国的经济命脉，或许也是美国最具能量的时尚创

造者。除了部分广播电视节目，媒体必须听从他们的指令，许多杂志的命运听凭他们裁决，而且他们还参与设计了很多兜售给公众的产品。

帕卡德甚至引用了大卫·波特的话来证明，在过去的一代中，广告业已经成为重要的社会机构和道德机构。但糟糕的是，广告人的统治并不会为改善人性服务。他们用商业主义把美国人的生活搞得乌烟瘴气，这样的社会环境如一张虚拟的大网，谁也无法逃脱。美国的群众从未被如此喧嚣的叫卖声狂轰滥炸过，他们被各式各样的广告给包围了，有强行推销的，有劝诱推销的，有滑稽搞笑的，有拐弯抹角的。可怜一下倒霉的老百姓吧！无数的消费者被操控，他们被骗得晕头转向，云里雾里，还被强行灌输思想。但让帕卡德不安的是，从广告人的行为来看，他们俨然以理论家自居。广告人精心策划广告，不仅是为了把具体的产品销售出去，最重要的是，他们有意识地担当起物质主义代理人的角色，而物质主义生产的是对于财富的热爱以及追求短暂快感的激情。他们怂恿美国人从传统的压抑中解脱出来，今朝有酒今朝醉，广告人吹捧物质主义不仅不道德，还会让美国人堕落。

但帕卡德在三部曲中有时却会为广告和广告人辩解甚至开罪。比如，在《隐形的说服者》中，他承认大多数广告人及推销商仍然直接、坦率，把人们当作理性的公民（暂且不论人们是否理性）。他意识到美国的繁荣以及美国人多姿多彩的生活离不开广告的功劳。在《垃圾制造者》中，他甚至声称这本书里没有恶人，因为多数美国人本来就是败家子。或许帕卡德以为这样就不会有人批评他的观点过于片面？考虑到三部曲批评广告人的尖锐力度，人们不禁怀疑帕卡德的这些说辞是否言不由衷。无论觉察到广告人的困境对普通广告员工的行为会产生怎样的束缚，反正动机研究心理学家几乎没有受到影响。过去人们担心居心不良的广告人通过谎言和蛊惑来操控误导大众，现在帕卡德又旧话重提。跟罗蒂一样，帕卡德也把广告人塑造成骗术大师和美国人生活的腐化者，只不过帕卡德更成功。在《隐形的说服者》中帕卡德指出，新生代的广告人已经学会了改进广告方式来欺骗消费者，以至损害甚至剥夺了消费者理性判断的能力。他们打着了解消费者需求的旗号，实际上却在调动消费者的潜意识。《攀附权贵的人》与《垃圾制造者》中的观点则认为，通过推广物质主义、过度消费与浪费，广告人的统治已经把美国文明领上了歧途。一切都与美国的应许相悖。

当然，这样的指责我们并不陌生。帕卡德所讨论的广告的喧嚣、虚拟网络、谎言、物质主义，乃至“心理营销”，上一代的批评者就已经发现了。但帕卡德的语言通俗易懂，对广大读者而言很有说服力。帕卡德的贡献在于，他不仅指出广告人的行骗手段较以前更令人难以抗拒，还给出了证据。以前的消费者就算无法彻底摆脱铺天盖地的广告，对谎言也是半信半疑，对广告里的大吹大擂嗤之以鼻，或者会质疑骗子的伪装。这就要求公众是清醒的，是持怀疑态度的，这样才能识破对方的诡计。但帕卡德所揭露的是一个邪恶的阴谋，它企图偷偷摸摸地控制公众的思想、感受和行为。新生代的广告人已经超越了谎言。“你”无论如何也逃不出他们的魔爪。他们有科学，尤其是精神分析理论，为自己撑腰。他们的信息进入了消费者的潜意识，本我很难分辨出来。他们影响大众的行为，甚至逼迫大众采取某种行为，而意识层面对此几乎无能无力。他们欺骗了本我，本我以为它执行了个体的意志。这场阴谋真正可怕之处在于，“你”永远不会知晓“它”赢了。个体成为受害者，但他们对此毫不知情。广告无处不在，帕卡德认为公众无法与广告人的威力抗衡。这就是帕卡德的主张。

接下来是历史学家丹尼尔·布尔斯廷（Daniel Boorstin）的畅销书《形象》（*The Image*），该书较为保守，控诉了不真实所造成的威胁，不真实是谎言、幻象和虚假的产物，它让美国人处于水深火热中。布尔斯廷认为文化绝望与道德滑坡是由大众传媒的发展所造成的，广告只是其中一个因素。布尔斯廷以为，问题的原因其实在于美国人性格上的缺陷。如果说美国当今社会存在欺诈的话，那么我们每个人都是罪魁祸首，其余的只不过是从犯。他把错误归咎于美国实用主义的传统，认为从本杰明·富兰克林开始，美国人对新事物的巨大兴趣就一直存在。布尔斯廷尤其排斥在现实生活中寻找恶人，麦迪逊大道或许只是替罪羊，广告人不过是替罪羊的侍从。布尔斯廷以P.T.巴纳姆为例，这是让他认识到“美国民众被骗了，却乐在其中”的第一个例子。他用了大量的篇幅阐述“广告的兴起让社会重新定义真实”的观点，说“以前人们看重‘真实’，现在人们看重的是‘可信度’”。他写道：“技艺高明的广告人先是给我们创造幻象，然后把幻象变为现实。”广告人用他们“离奇的真”迷惑我们，可我们不仅非常享受，还会被骗局和打造广告形象的过程所吸引。布尔斯廷指出，实际上，欺骗和自我欺骗才是现代社会的核心。

人们对布尔斯廷的书有不同的解读。许多年后，媒体理论家道格拉斯·洛西科夫（Douglass Rushkoff）重新为这本书写了序言，他指出，布尔斯廷已经认识到“二战”后的广告业能够实现创新的关键因素，是广告人绘制出一种虚无的产品图景，来影响我们看待生活的方式，他们或许是有意为之，也可能是无意的。和前人作品相比，除了加尔布雷斯，布尔斯廷的作品不是简单地为广告的运作方式提供了证据，它更是一种言之凿凿的论断。这本书之所以经久不衰，是因为它从全新的视角论述了广告所制造的虚拟网络让所有人概莫能外，公众势必脱离现实和经验，接受精英的统治。我们在一个仿真的虚拟世界中迷失了自我。广告，或许还有其他帮凶，把我们变成了这副模样。

但在那么多抨击广告的作品中，最成功也最非同寻常的却是威尔逊·布赖恩·基（Wilson Bryan Key）的《潜意识诱惑》（*Subliminal Seduction*）与《媒体性剥削》（*Media*

Sexploitation），这两本书滑稽搞笑，也是畅销书。大约十年后，这位批评广告的作家因为揭示了潜意识说服的“真相”，即大脑中有意识的逻辑中心无法辨别广告中的符号和刺激，而名利双收。虽然布赖恩·基是个美国人，但在20世纪70年代早期他移居加拿大，在大学担任新闻学教授。他抓住了20世纪50年代末帕卡德简要提及的美国老百姓的恐惧心理，并在此基础上提出自己的观点——潜意识信息通常以嵌入式的词汇或形象为形式，它们如蜂似蚁般占领了媒体的各个角落，不仅感染了广告，也感染了新闻、电影、唱片封面，无所不及，“无一幸免”。他在作品中对数据和伪科学进行了解释，对名人名家引用颇多，比如麦克卢汉、弗洛伊德，甚至还引用了马库斯的观点，以显得更有学院派风范。布赖恩·基认为每个人都有潜意识，它其实很活跃，能捕捉到许多信息；它尤其擅长捕捉淫秽色情，被社会禁止或恐怖的信号。所以说服者才能“冷酷无情地利用人类的欲望、需求、恐惧和焦虑，它藏匿在每个人的内心深处，如脱缰的野马般难以控制”（《潜意识诱惑》）。“麦迪逊大道的客户经理们自吹自擂，称自己不仅能植入潜意识信息，而且对方丝毫不会察觉”（《媒体性剥削》）。布赖恩·基在具体解读广告的过程中，“解读出”许多下流、肮脏的词汇，例如，“勃起的阴茎”“湿润的阴道”“死亡的符号”，从而“证实了”他疯狂可笑的观点。布赖恩·基指出，广告人（以及其他行业人员）已经找出一种利用人性的脆弱来剥削可怜的老百姓的新方法，也就是与在通常情况下支配人类行为的非理性的潜意识进行直接却隐蔽的沟

通。他认为这是对理性大脑的沉重打击，让北美精神错乱，造成了大量的精神障碍和心理障碍，威胁到了公众的心理健康。民众究竟相不相信布赖恩·基的一派胡言并不重要，因为他的作品在娱乐读者的同时也给出了一些建议：北美人发现了一种新的室内游戏，它非常考验人的想象力，玩游戏的人必须破译杂志广告，找到隐藏的植入信息。

无论布赖恩·基德观点有多么荒谬离谱，他的作品却体现出这一波反广告浪潮的两个常见主题。第一个就是对于美国现状的文化绝望和道德绝望。布赖恩·基提到，过度的自我放纵荼毒了美国，他甚至担心美国“被困在一个不断加速的旋涡中，其终点就是自我毁灭”（《媒体性剥削》）。表现出对早期美国或单纯美国的怀念和向往的批评者不仅帕卡德一个。波特觉得随着广告成为强有力的权威，美国的道德水准也在下降。布尔斯廷的《形象》一书原来的副书名是《美国梦怎么了》，它蕴含着某种失落感，他认为美国已经误入歧途，失去天恩，这种思想贯穿《形象》始终。加尔布雷斯的观点表现出向往乡村生活的人对城市价值观和富裕社会的鄙夷和不屑。弗里丹的抨击则部分指向消费道德观，这种强加给女性消费者的道德观破坏了女性解放运动的大好前景。

2. 公众的声音

> 广告人是现代社会的必然产物，他们势必会美化产品。这些公众都能接受，但大家厌烦无处不在、循环往复、无比吵闹又粗俗不雅的广告。

美国公众如何看待广告业？对此问题，辩护者与批评者都发表过看法。多数辩护者想当然地认为公众独立且友善，甚至热衷于看广告；而批评者则把消费者看作无辜的群众，很容易上当受骗，被广告人操控。民意测验如日方升，发展迅速，尤其是在1940年之后，但这些调查的结果比较模棱两可：结果显示，公众既支持广告人所说的"广告在进步"，也支持批评者所说的"广告有害"。《美国广告：消费者视角》（*Advertising in America:The Consumer View*）一书很详尽地反映了这种情况。

这部鸿篇巨著并不畅销，哪怕在学术圈也没有激起什么波澜。20世纪50年代末与60年代初，反广告的话语比比皆是，美国广告公司协会越发担心其造成负面影响，便委托民意调查公司对公众意见进行调查研究，以便在将来捍卫广告的公关活动中有足够的信息作为支撑，这才促生了这本书。它号称客观公正，但研究人员实则对广告业抱有恻隐之心。研究样本故意偏向高消费阶层，目的是涵盖受过大学教育的人群，也就是最不支持反广告的人群。总之，研究得出的结论是：事情并不像广告人所担心的那么糟。尽管公众确实认为广告人在对他们的生活发号施令，但支持广告人是消费者之友的群众也不在少数。没有足够的证据表明调查对象普遍觉得自己是受害者，当然这或许是因为该调查并没有直接探究该问题。但公众无疑是警觉的，因为他们见识过太多夸大其词或误导消费者的广告。尽管对平面广告尤其是电视广告的抱怨颇多，但多数美国人并不觉得广告在他们的生活中或社会性对话中是特别重要的事情，与宗教、联邦政府或者教育根本无法同日而语（就连职业体育的影响力都略高于广告）。计数结果表明，人们一天下来只会留意到小部分广告，而他们响应的广告，即喜欢或讨厌的广告，则少之又少。作者认为公众既算不上倒霉，也并非被驯顺，他们不仅对广告有所察觉，甚至可以说公众很难对付，他们有能力评判或抵制广告的蛊惑。伯奈斯曾指出公众固执难缠、缺乏理性，现在看来他的观点或许对了一半。下面是受访者意见的文字记录：

> 最重要的是，鲍尔与格雷瑟一致认为公众对广告怀有极大的善意，远远超过普遍的恶意。多数受访者毫不犹豫地承认了广告在经济上的合法性，因为市场的正常运作离不开广告，而且广告促进了更多、更好的产品的开发，提高了群众的生活水平，总而言之，就是广告业在发展进步那一套老说辞。麻省理工大学的教授、著名的社会学家伊锡尔·德·索拉·普尔（Ithiel de Sola Pool）为此书写的序言非常引人注目，他指出，“广告是

甩不掉的恶魔”这种观点并没有得到广泛的认可。多数女性实际上很喜欢看广告。彻底消灭广告，那么美国公众就少了一种人生乐趣，同时也少了一种指引。

受访者反对的是广告的社会角色和道德角色。受访者对无处不在、循环往复的广告表达了强烈的不满，认为它们愚蠢至极，妨碍工作和生活。有些广告极其讨厌，比如，酒类、烟草、某些药品以及女性内衣的广告，他们认为这类产品不应该广告，少儿不宜。有些受访者的评论明显流露出对广告的不屑。首先，广告劝说人们购买他们不需要的产品，因此广告人被看作物质主义的主要倡导者，而物质主义让美国人的生活变得混乱不堪。其次，许多受访者指责广告经常欺骗消费者，因为它们未能展现商品的真实面貌，所以广告人也是谎言的动因之一。第三，部分受访者认为广告总是侮辱普通消费者的智商。以上种种似乎指向了一个结论——许多人认为广告有时会危害社会，而广告人则经常暗中破坏道德秩序。

如此纷杂的意见，说明美国人对待广告的态度相当复杂，对广告人也一样，尽管他们声称许多美国人赞同广告。实际上，根据鲍尔与格雷瑟所提供的数据，公众的态度要矛盾许多，也模棱两可许多，有时前后不一，虽然鲍尔与格雷瑟并不愿意承认。后来的问卷调查终于让模糊的画面变得清晰。研究人员发现，在把公众划分成群体时，不以阶级或性别等为依据，而应该根据他们对待生活的态度。在某项研究中，作者指出看待生活喜忧参半的人、怀疑人生的人以及憎恨生活的人对广告的态度迥然不同。另外，受访者认为自己看广告与广告的社会影响是两码事。鲍尔与格雷瑟宣称："美国人支持广告，主要是由于广告能提供有用信息，广告告诉他们关于产品与服务的有关情况、价格以及应该去哪购买。"后来的民意测验表明，人们知道"广告中的真话"总是靠不住，因为迫于推销的压力，广告就算没有撒谎，也会言过其实。然而他们又以为自己能从广告中收集到有用的信息，有时候还能从广告的真真假假、虚虚实实中收获些许乐趣。在鲍尔和格雷瑟的年代，受访者最需要的是海量信息，而后来的受访者最需要的是娱乐消遣。

总而言之，人们认为广告人对于美国所施加的是一种诡异的统治形式。批评者抨击广告人犯下了各种各样的罪行，但这更多的是他们的主观臆测，妄下断语，而非凿凿有据。有时候批评者也认为过错不在多数广告人，而是少数广告人或者广告体系，或者美国自身的问题。广告人既否定又肯定自己的统治，他们渴望良好的社会声誉，同时又害怕社会各界的指责。这点公众早就明白，但老百姓并不知晓广告统治的只是非理性的自我。这种矛盾所标志的是一种生命政治实体，而非霸权实体，即一群专业人士通过努力来决定美国人生活方式的重要部分——消费习惯，尽管目标群体对他们半信半疑，不屑一顾。按照福柯的观点，广告人的目的或许是想实现经济管制，让商品从工厂到家庭的流动更快，但现实却并非如此，许多新产品遭遇市场滑铁卢。广告人是现代社会的必然产物，他们势必会美化产品，这些公众都能接受，但大家厌烦无处不在、循环往复、无比吵闹又粗俗不雅的广告，尽管有些人或许喜欢广告所传达的信息，觉得这些信息有用。最重要的是，消费者虽然每天都在接触广告，但他们会自动过滤掉许多。消费国家的形成实际上需要多方面因素，比如，政府方案、法律法规、税收政策以及营销计划等，广告只是其中的一部分。抛开广告的喧嚣，人们所说的“麦迪逊大道统治美国”不过是一个谬见，远非事实，这个谬见可以用来批判物质主义或大众文化的盛行，多见于高素质文化圈。

05 PART

第五部分 新篇章

比尔·伯恩巴克不再贩卖梦想，转而开始销售真相——智慧是他广告的外壳。

——安德鲁·柯内尔

浮躁是创意革命的基础之一；诚实也是。

——简·玛斯

1960年后的几十年间，在虚构和非虚构作品中，广告人的形象部分得以重塑，尽管这个过程比较缓慢。随着越来越多女性的加入，广告行业几乎是旧貌换新颜。用“创意人士”这个说法来形容广告人再合适不过，它既包括广告文案，也包括艺术指导。当然，传统的广告人（例如，专业人士、令人艳羡的客户代表和举足轻重的广告经理）仍然存在，广告行业的科学家，即市场研究人员，同样不容忽视。但从20世纪末到21世纪初，广告文案与艺术指导成了广告业的真正核心人才，尤其是从广告的语言和画面来看。人们认为创意人士与艺术家非常相近，他们遵循浪漫的传统，极富想象力，喜欢别出心裁、标新立异。之前的情况如何呢？至少从19世纪90年代开始，广告文案就已经算是广告业里的一个单独行当，虽然艺术指导很少会被单列出来。可现在不一样了，广告文案和艺术指导是“创意人士”，他们的名望超过了广告业的其他职位。有人这样说：“负责创意的人是会下金蛋的人，客户代表则是能把金蛋给卖出去的人。”创意很快就成了十分迫切的必需品，它近乎一种道德力量，能有效地证明广告是讲艺术技巧的，广告业的存在有其自身的意义。这股广告创意迸发的浪潮席卷整个美国，它醉心于用别出心裁又有价值的想法来解决各种各样的社会问题，它赞美这种做法，并努力地让大众接受这种做法，而广告的艺术技巧就是这股浪潮的基础。于是，广告业又开启了新篇章。

1. 创意革命

> 广告本质上就是说服，说服不是科学，而是一门艺术。真正卓越的广告人是诗人，能从事实跳跃到想象和创意的世界。

在现代文化中，除了广告，还有一个是非、真假混淆难分的领域——艺术和文字。广义的艺术和文字包括绘画、文学、戏剧，以及由它们衍生而出的大众娱乐。在19世纪和20世纪，虚构类的小说得到了飞速发展，艺术与文字的繁荣也给人们带来了很大的困惑，即如何精确区分真实和虚假。虚构类的小说并不真实，可是艺术向来有个传统，这个传统认为，绘画、戏剧和小说都能反映出人类真实的状态境况，而这是严谨的科学无法实现的。小说并没有撒谎，因为读者知道它与事实并非一一对应，也就是说，艺术的确会使用欺骗的手段，但这是被大家默许的。奥斯卡·王尔德（Oscar Wilde）说过，谎言是信马由缰的想象力的体现，它驱使艺术不断前进。王尔德反对现实主义，他认为现实主义在反映事实的同时误导了艺术。尼采也说过："真相会毁灭我们，幸而还有艺术。"他同样认为谎言是推动生命与维持生命的力量。尼采的说法反映出一种观念，即艺术家是文化英雄，他们为普罗大众创造出生命的独特意义。换言之，艺术家让一个饱受现代性荼毒的世界焕发魅力和生机。这种观念无论在知识分子还是寻常百姓中都颇得人心。正是这种理论，将广告人重新定义为艺术家，他们是幽默大师，总能想象出夸张或挑逗的元素，以有趣的方式呈现出来，而其中的真真假假，每个人都心知肚明。

对于公关顾问或者宣传人员来说，他们的日子更难过，因为他们得假装自己说的都是真话。相比之下，广告人则可以用创意至上的理念，将自己所从事的事业变成一种次生的艺术形式，最后他们也的确做到了，特别是在20世纪60年代之后。有些人在有些情况下是欣赏广告的，这话没错。如果说对真实的追求驱动了现代人的自我发展，那么广告也是一种驱动手段。艺术家是何等幸运，他们通过想象这种文化所推崇的方式，来实现自我发现，自我塑造，并沉溺于自我。但这种说法与真理政体的清教徒主旨中的道德蔑视和道德命令相悖，它至多能解除广告人的道德困境。谎言与真实不再矛盾。看似悖论，但谎言，或者说成功的谎言，成了真实的手段。

大家普遍认为，有一个人为广告业指引了方向，那就是威廉·伯恩巴克（William Bernbach）。在20世纪末这个繁荣激昂的年代，一个世纪将要终结时，人们纷纷回顾过往百年，广告业最著名的期刊《广告时代》（1999年3月29日刊）宣布，威廉·伯恩巴克是20世纪最具影响力的广告人。这并不奇怪：伯恩巴克在广告业的地位如此显赫——不仅仅限于美国——他是伟大的救赎者，他是领导了广告业创意革命的天才，他重塑了广告业。到20世纪末，广告业已经有了多年发展历史，广告业也出现了许多人才，他们凸显出广告的重要性。P.T.巴纳姆，第一位成功的广告人，人们对其褒贬不一。尽管他曾经名噪一时，却并非一个好的典范。在20世纪中早期，广告人努力赢取公众的尊重，希望自己作为专业人才和商业人才的身份得到认可，他们恨不得将巴纳姆隐匿于历史中。广告业的后起之秀在业界获得了大家的喜爱，出现了许多杰出的广告业领袖。但从业内的尊重和推崇来看，他们无一能与伯恩巴克相比。伯恩巴克开始只能算一个外来客，没错，他是美国人，但他是犹太人。后来的评论家经常说，伯恩巴克并不具备典型广告人的外表和风度——他看起来其貌不扬。1933年，也就是大萧条那年，伯恩巴克从纽约大学毕业，他的专业是商业科学。没过几年，他就在广告行业谋得了广告文案的职位，先是在威廉·H.温特劳布公司，后来去了格雷广告公司，一直做到了负责艺术与文案的副总裁。1949年，伯恩巴克和同事以及一位朋友合作，创办了自己的广告公司（恒美广告，Doyle Dane Berbach，简称DDB）。伯恩巴克出谋划策，负责广告创意。接下来的十年中，公司发展迅速，名声越来越大，到了20世纪60年代初，被认为是美国最富有创意也最振奋人心的广告公司，超越了奥美广告。

伯恩巴克不仅创造出一种新的广告风格，还发展出一套自己的广告哲学，在物质富足的20世纪60年代，他的广告风格既能满足消费者的需求，也能满足客户的需求。在这个过程中，他培养出了新一代的广告文案和艺术指导，起用了不同背景的美国年轻人，尤其是犹太人和意大利人，也招募女性人才。他把“创意人士”从客户代表和企划部门的奴役中解放出来，让广告文案和艺术总监能够创造出别出心裁又引人入胜的作品。这些人在获得了广告界的大奖

（广告人是否成功的衡量标准）之后，很快就另立门户，建立自己的“创意工作室”（这个名称最开始是蔑称，但它很快就成了一种潮流）。很快，一些著名的广告公司纷纷效仿，这便引发了广告业的创意革命，而伯恩巴克被誉为创意革命的领袖。

在20世纪50年代末，伯恩巴克作为一名革新者开始获得赞誉。《时代周刊》（1958年3月30日刊）的一则简报《广告人里的广告人》（*Adman' s Adman*），清晰地概括了伯恩巴克的发迹史。伯恩巴克看重的不是市场和消费者调研等知名广告公司引以为傲的东西，而是创造力，他看重能打动普通人的杰出创意。这就意味着视觉作用超过了语言，广告要创造出简明而吸引人的图像。长久以来，广告的传统是注重语言，这类广告被称为“编辑风格”的广告，伯恩巴克与这种传统决裂，转而以展示图像为主，这与欧洲广告业的做法更为接近，虽然这篇报道的作者并没有提及其渊源。结果是，那个时代涌现出一批构思精巧又独辟蹊径的广告作品，消费者们津津乐道，或者说，那些广告作品至少是喜欢广告的纽约人的饭后谈资。

通过广告，伯恩巴克让本来默默无闻的某面包品牌成了纽约人的心头好，广告中的人物面带微笑地咬着面包，告诉消费者“纽约人要把它吃光”。他为古代牌纯波本威士忌做的广告则带着一种挑衅，“要是你能找到比古代牌更好的波本威士忌，那你就买吧”；他为蜜丝佛陀口红做的广告中则出现了古罗马斗兽场和一尊古罗马议员的雕像，雕像的眼睛如烈焰般炽热，“擦上蜜丝佛陀罗马红，任何男人都会为你苏醒”。

20世纪50年代，把广告人看作骗子的观点死灰复燃，它影响了公众对广告人的看法，令人惊奇的是，伯恩巴克与广告业的骗子绝不同流合污。他与20世纪50年代的小说中所刻画的广告人不同，他没有玩世不恭，他也完全没有受到广告人困境以及随之而来的痛苦的困扰。他绝不屈从于客户的要求，要求独立，要求有根据实际情况来策划广告的权力。同样重要的是，伯恩巴克拒绝灯红酒绿、锦衣玉食的生活。“我大概是唯一一个住在布鲁克林的广告公司总裁。”伯恩巴克说道。很显然，他是一个生活朴素的人。

后来《时代周刊》没有再过多关注伯恩巴克。1962年有一期《时代周刊》对广告业进行了深度探讨，那一期的封面很出名，但伯恩巴克没有出现在封面上，虽然文章中提到了他。不过《时代周刊》（1965年4月23日刊）把“伯恩巴克广告观”称为那个时代最成功的销售技巧。五年后，《时代周刊》（1970年2月16日刊）又称他是“广告界最具影响力的革新者”，该文章不遗余力地赞扬了伯恩巴克自诩的“诚实推销”。但比尔·伯恩巴克在广告界被尊为圣人却是他去世（1982年）以后的事了。1984年，一位专门报道广告业的记者出版了一本赞扬20世纪60年代广告业的书，通过具体的广告案例来展现那个年代的广告创意，把伯恩巴克奉为创意革命的奠基人与驱动者。玛丽·韦尔斯·劳伦斯（Mary Wells Lawrence）或许是她那个时代最著名的广告女性，她在2002年所出版的回忆录中对伯恩巴克大加赞赏，她这样形容她为伯恩巴克效力的感受：“他就像一座火山，蕴含着巨大而躁动不安的能量。”李·克洛（Lee Clow），另一位颇具名气的创意人士，最开始是一位艺术指导，他说伯恩巴克总有办法改变广告行业，他的作品革新了纽约的广告业，这股影响力扩散到全国。即便是严谨的学术类著作，也对伯恩巴克大加称赞，记者兼历史学家托马斯·费兰克（Thomas Frank）在其所著的反映美国20世纪60年代广告历程的作品中，将伯恩巴克视为革新人物。伯恩巴克批判消费主义，改变了广告，这让他成了具有相当地位的社会评论家。他说：“伯恩巴克是第一个接受大众批评的广告人，他直接回应了广告人对大众的操控和欺骗、公众的无能为力和公众难以启齿的从众心理，并且通过回应这些诉求把产品推销出去。”

伯恩巴克能赢得如此卓越的声誉，有一个前提，即“二战”后的广告被广泛地讽刺为无聊的和虚假的。广告里充满了陈词滥调，尤其是在电视广告中，谎言似乎随处可见。这场大规模的广告运动，旨在说服美国人相信他们生活在消费者的天堂中，完美的产品触手可得。伯恩巴克的广告则截然不同。把他奉为传奇的人认为，他的作品依据的是一种新的广告哲学，与当时流行的广告不同。“广告本质上就是说服，说服不是科学，而是一门艺术”，这是伯恩巴克被引用最多的名言，他全然不信有人能够或者已经设计出一个公式、研究出一门科学，以让广告产生效果。他说：“艺术家就是要打破规则，按照公式是绝对创造不出令人难忘的广告的。”伯恩巴克强调吸引消费者注意力的重要性，如果消费者没有注意到广告，那么其他的无从谈起。吸引注意力的前提是美学的考量，只有拥有独特的构思、大胆的设计和智慧，才能创造出令人愉悦的广告。而且，能够打动消费者的不是你说了什么，而是说的方式，能调动他们的情感。如果消费者感受不到情感，自然不会购买。他极力推崇温暖又富有情感的说服，而不是冷冰冰的说服，这也是伯恩巴克的广告风格总是很幽默的原因，而幽默恰恰是霍普金斯、瑞夫斯甚至是奥格威所不屑的。伯恩巴克从未否认过广告要传递产品信息的重要性，但他认为光有逻辑是不够的，他多次强调广告必须调动消费者的热情。他说："对于人性的洞察是广告创作中最强大的因素，人的语言经常会掩盖住真正的驱动力，我们应该了解什么样的冲动可以驱动人，什么样的本能主导了人的行动，这是有创意、有效果的广告哲学的核心。"这是为什么广告人首先必须是个艺术家的原因，他还说道："真正卓越的广告人是诗人，能从事实跳跃到想象和创意的世界。"

伯恩巴克的哲学还有一个必不可少的方面——忠于事实。在接受《时代周刊》（1970年2月16日刊）采访时，他说："广告人要认识到，诚实才能卖出去东西。诚实和说服的技巧可以结合起来。"跟广告业的同行一样，他认为如果广告人想说服消费者，必须诚恳；但要想说服别人，还得让事实有趣。广告必须诚实，要给人真实可信的感觉。很多广告人都认为伯恩巴克风格广告的巅峰之作就是广受赞誉的大众甲壳虫汽车系列广告。在甲壳虫的"柠檬"（指不良品）广告中，汽车生产商承认有些车是有瑕疵的，杰里·德拉·费米纳如此评价："这是第一次有人在平面广告中说真话。”

汤因比认为广告只能行欺骗之事，对于汤因比的指摘，伯恩巴克则以说真话的人自居。他援引自己为大众汽车做的广告进行反驳，在接受广告专业杂志《油墨》的采访时，他说：“在过去的两年中，我们为大众汽车打广告，目的是说服美国人，大众汽车设计简洁、价廉物美且具有工匠精神，集三重优点于一体。这些广告将事实直截了当地传递给消费者。它们似乎说服了所有美国人去买价格较低廉的汽车，同时保持好的品味。”他认为他没有兜售谎言，也没有兜售虚假的梦想，而是在推销事实。

伯恩巴克是救赎者吗？他是否完成了近乎不可能完成的任务，将广告变成了句句真言？答案很显然是否定的。大众汽车的系列广告，尤其是平面广告，并没有出现其他汽车广告那样被滥用的美好意象，而是使用了未经修饰的简洁图片，产品的优缺点兼顾，从里程油耗到保险甚至故障都有提及，从而将甲壳虫汽车打造成价格实惠却又功能多样的汽车。广告人的困境如同一种社会机制，“不准撒谎”的命令可以限制谎言，实际上，伯恩巴克风格广告中的信息仍然会受到这种机制的约束。因为恒美广告的广告中不乏谎言，它通过夸大、半真半假以及迷惑消费者等欺骗方式，以达到推广客户品牌的目的。恒美广告为大众汽车所做的最出名的广告，有些就是虚构出来的，它们非常巧妙地夸大甲壳虫汽车是如何经久耐用，价格是如何亲民，比如，广告中把甲壳虫比作“扫雪机”，或者广告词说道“要像隔壁的克林普勒先生一样会过日子”。恒美广告的广告中自然不会出现后来观察家所发现的“甲壳虫糟糕的安全记录”，但无论如何，伯恩巴克这位鼓吹创意、诚实与真实性，并且开创了一种新的宣传方式，以满足时代需求和喜好的救赎者，他的传奇故事对广告界而言，有着持久的意义。

2. 创新者的时代

> 创新者喜欢的不是金钱，而是广告带来的愉悦。对他们来说，加入广告行业，可以充分利用上帝给的天分，释放自己的创造力。

对伯恩巴克大加赞扬的都是广告业的从业者，“创新者”的说法由此诞生，他们在行业内也越来越受人尊敬。创新者指与当时的正统观念背道而驰的特立独行的人；也指能创作出富有想象力的广告，从而为新品牌打出知名度或者帮助老品牌焕发活力的创意奇才。创新者也用来形容那些改变了广告形式的先锋派和引领潮流的人物。创新者也是艺术家，他们的作品让普罗大众在消费的世界流连忘返。他们是现代社会中的巫师或者魔术师，因为他们赋予了物质产品更多意义和诱惑力。他们在广告中引入了新的视觉技术和新的表达方式，也可能是新的音效，简而言之，他们的做法是独一无二的，尽管广告业的同行很快就会纷纷效仿。

比尔·伯恩巴克依然是广告业新贵——创新者的守护神。但“特立独行的反叛者”这种说法则更适合其他活跃于20世纪六七十年代的广告人。先来看看当时加利福尼亚的现象级人物霍华德·拉克·哥萨奇（Howard Luck Gossage）。哥萨奇被称为“旧金山的苏格拉底”，他在20世纪60年代声名鹊起，这应该归功于他为比利时石油公司、澳大利亚航空公司还有爱尔兰酒业等所策划的风格独特的广告（哥萨奇是广告文案），他还为加拿大学者马歇尔·麦克卢汉（Marshall Mcluhan）进入美国学术圈提供了赞助。20世纪80年代，哥萨奇的狂热支持者将他的部分文章编纂成书出版，这时他已去世多年。他称自己是“特立独行者”，这个称呼真是恰如其分，因为他是个道德主义者，对广告业的同行颇为不满。

实际上这本书非常古怪，在所有广告人出版的书籍中，它是反对广告的，只不过哥萨奇从未“逃离”这个行业。他嘲笑同行傲慢自大、恣意妄为，甚至讥讽他们满口谎言；他拒绝平庸的广告，因为这样的广告不仅沉闷无趣，而且泛滥成灾；他哀叹广告人对媒体内容的影响；他也担心广告会导致过度消费。哥萨奇是交互式广告的拥趸，他支持通过直接回应、竞争、煽动、噱头等刺激，让消费者置身于广告中。“一个理想的广告应该就像趣味横生的对话。我们先说点什么，然后你回应……接下来，我们要么对你的回应进行补充，要么开始一个新的话题。”更关键的是，哥萨奇作为一名机巧的广告人，他希望自己的广告可以给消费者带来乐趣，让人哈哈大笑或者目瞪口呆。他希望人们乐意在家观看广告。哥萨奇非常与众不同，他的广告公司规模并不大，客户也不多，在芝加哥和纽约的一线广告圈内，他并没有得到多少认可，但他的言行却在当地的广告界留下了深远的影响。有时候人们认为他代表着美国西海岸独特的广告传统，或者与主流背道而驰的广告传统的奠基者。互联网技术成熟以后，出现了新的广告风格，或许哥萨奇更应该算是互联网广告的先驱吧。

更为人所熟知的，是另外三位才华横溢的纽约创新者。在广告业和媒体的眼中，他们是比尔·伯恩巴克的接班人，推动创意革命继续向前。我们先说前两位：广告文案杰里·德拉·费米纳（Jerry Della Femina）与艺术指导乔治·罗伊斯（George Lois）。麦迪逊大道的“国王”大卫·奥格威对创意革命感到忧心忡忡，他曾在公开场合说道：“我认为疯子已经接管了疯人院！”德拉·费米纳和罗伊斯就是这样的“疯子”。

德拉·费米纳与罗伊斯在20世纪60年代都出版过广告行业的回忆录，且都非常精彩。毫无疑问，德拉·费米纳的《那些给予你珍珠港的奇妙人所带来的启示》（*From Those Wonderful Folk Who Gave You Pearl Harbor*）更受欢迎，这本书很快就比肩奥格威的《一个广告人的自白》，成为广告行业的经典读物之一。跟奥格威一样，德拉·费米纳迫切地想推广广告业的规则，只是他的规则乃至他的论调与奥格威大相径庭，从书名我们就能看出来。据说费米纳在主流广告公司达彼思就职的第一天，和日本客户松下电器商讨广告时，写下了有关珍珠港的广告词。当时的听众都感到震惊，后来的读者则觉得有趣，德拉·费米纳自己则很得意——这足以证实他是个特立独行的人。这本书想要告诉读者，无论广告多么正经严肃，都应该保持幽默感。

德拉·费米纳在广告业算是个外来者，他是意大利裔美国人，出生于工人家庭，与弥漫着资产阶级气息的精英广告圈格格不入。20世纪60年代，他在很多广告公司做过广告文案，有主流公司也有创意工作室，1967年创立了自己的公司。他在自己写的畅销书中指出，因为代际冲突和风格冲突，广告行业已经陷入了危机。这种冲突似乎是由不断发展的创意革命所造成的。踌躇满志的年轻人加入了广告业，他们多数是男性，以意大利裔和犹太裔为代表，他们对大众文化甚至街头文化更熟稔，于是引发了一场知名老牌广告公司与新广告公司之间的内战。同时，老牌广告公司内部也是血雨腥风，因为管理层也想雇用像德拉·费米纳这样的疯子，以跟上潮流。德拉·费米纳所勾勒出的广告人是花天酒地、声色犬马的瘾君子，他们的灵感如泉涌，有各种各样的奇思妙想。疯狂成了才华横溢的关键因素，或者说，疯狂是才华的体现。喜欢恶作剧的德拉·费米纳在回忆录的最后说道："广告是你穿着衣服时能做的最有趣的事情。"

无论他与传统广告人的分歧有多大，特立独行的德拉·费米纳还是热情洋溢地赞美比尔·伯恩巴克，对他为大众汽车所做的广告大加赞赏，因为这些广告不仅诚实、真实，而且言之有物。他在书中描述了自己创业时的艰辛：公司成立初期差点破产，因为一没有客户，二没有足够的资金。怎么办呢？他举办了一个盛大的圣诞派对，广邀宾客，尤其是潜在的客户群，派对极尽奢华之能事，就是为了给大家一种印象——这家新成立的公司经营得非常成功。这招确实奏效了，第二天就有客户上门。“广告业的一部分或者说一大部分都是幻想出来的。幻象很重要，潜在的客户正是通过假象来判断你。”德拉·费米纳认为有必要塑造出更可信的骗局，而且越具现代感越好，越有趣越好。可以说，他得了巴纳姆的真传。

乔治·罗伊斯也一样。他是希腊移民，在纽约布朗克斯区长大。《乔治，当心》（*Geroge，Be Careful*）这本书不仅赞美了罗伊斯这位反传统者，也让他“坏男孩”的形象深入人心。罗伊斯也自认为是特立独行的人，把德拉·费米纳称作“我的疯子同伴”。罗伊斯说过“创意一百”，也就是“一百个出身草根的标新立异之人，他们的语言与美国主流广告业的油滑风格迥然不同”。他在书中也突出了抗争与反叛的主题，书名“乔治，当心”其实就是别人对他的劝告，但他从未听从过，他喜欢冒险、刺激和制造轰动效应。罗伊斯在书中饶有兴味地回忆起自己的疯狂举动如何刺激或惹怒了别人。罗伊斯瞧不起传统的广告，表现出和哥萨奇一样的鄙夷，他喜欢浮夸和戏剧性。罗伊斯在回忆录中反复强调他个性独立的特点，他十分不愿意受到外部因素的干扰，无论是来自同行还是来自客户。一旦有人毁坏了罗伊斯的作品，他可能会诉诸暴力。罗伊斯同样不能忍受别人对他满不在乎，有一次，他不得不给威士忌酒业的巨头一点颜色看看，因为那人在罗伊斯展示广告设计时睡着了。“我可不是那种委曲求全的广告人，客户睡着了还要忍气吞声陪笑脸。我使劲地拍了下桌子，于是他醒了。”罗伊斯认为自己是艺术家，自己的广告忠于事实，必须得到他人的尊重。

最后一位是一名女性，最与众不同、非同凡响，她就是玛丽·威尔斯（Mary Wells）。在很短的时间内，她成了一个传奇。她是第一个征服麦迪逊大道的女性。威尔斯为布朗尼夫航空公司所做的广告尤其为人所称道，她将潮流美学与飞机和布朗尼夫航空公司的工作人员很好地结合起来，她的广告让布朗尼夫航空公司焕发新生——后来她嫁给了该公司的首席执行官（CEO）。威尔斯试图打破职场中女性升职的玻璃天花板，她在1966年创办了自己的广告公司。“我的公司得有英雄气概，每个人都要大胆无畏，要激动人心，我的客户也当如此。”她在回忆录中说道。后来《时代周刊》的书评人把她称为“睿智幽默、玩世不恭、反权威风格广告的教母”。威尔斯很快就成为纽约证券交易所上市公司的第一位女性首席执行官，到20世纪70年代中期，她的薪资高达每月30万美元，是广告业收入最高的女性管理者。德拉·费米纳与罗伊斯尊称她为“广告女王”，以表达对这位创意天才的崇敬之情。威尔斯是雄心勃勃的职业女性的励志偶像，据报道，“我要像玛丽·威尔斯一样”是她们的口号。

熠熠星光总有暗淡的时候，威尔斯也是如此，她的公司在20世纪80年代便不复往日。她自己也两度罹患癌症，精疲力竭，1990年，她（和合伙人）把公司转了出去，从此告别广告业。12年后，她出版了自传《广告中的大生活》（*A Big Life in Advertising*），据说这本书如实记载了历史。有评论家指出，威尔斯此举应该是为了建立或者说重建自己的品牌，这与写下《一个广告人的自白》的奥格威是一样的初衷。出版商甚至还给威尔斯安排了全国范围的签售会，在接受媒体访谈时，她还振振有词，表示要重回广告界，拯救死气沉沉的广告业。

威尔斯在书中用各种各样的方式描述了自己的不同角色，比如，炼金术士、演员、说书人。她甚至称自己有灵媒天赋，能看到异象，这些异象改变了她的生活，也改变了广告。“广告，无论形式如何，本质都是在讲故事，这个故事要能吸引读者或受众，说服他们买东西。”故事能够改变品牌，甚至能改变消费者，所以广告就如同炼金术。但威尔斯认为戏剧与广告业更相似，她在书中写道：“用梦想将生活变成戏剧。”就是说她是“善意谎言”的支持者，梦想和戏剧都是为了大肆宣传品牌。她认为广告人需要欺骗自己去相信产品的优点，她称之为“自我催眠”，这样广告才会有说服力。广告人应该用最理想的形式将产品呈现给消费者，不必非要讲求事实。广告人如同魔术师，他们把产品变得更美好，能深深地吸引消费者，也把产品带到了千家万户。

如同其他的创新者，威尔斯在书中也表示，她喜欢的不是金钱，而是广告带来的愉悦——加入广告行业是“充分利用上帝给的天分，释放自己的创造力”。但她也承认权力使人兴奋：“我一下子就爱上了那种挑战并掌控500名员工的感觉。”她自传中的描述多少有些控制他人思想的意味。最重要的是，威尔斯自豪地在书中再三表示她自己创造了自己。“没人为我事先安排好人生，我不是坐享其成。”她刻意强调自我塑造的励志神话，让人感觉她不仅极具美国精神，也非常符合广告人的角色定位。

这或许也是她不愿意说自己是性别歧视受害者的原因。威尔斯非常清楚，一个女人要在广告界占有一席之地得面临多少困难。但她不是女权主义者，尽管威尔斯作为一名极其成功的职业女性而名扬美国，但她总是刻意像男人一样思考和行事。她否认有男性阴谋针对她。她欣赏他们的勤奋努力、锲而不舍、敢于承担风险与敢于牺牲，她认为这是成功的领导者必须做到的。她模仿他们，享受“大生活”，正如书名所示。“我的精力有限，没办法照顾好身边所有人，我承认内心有所愧疚，但商场上的男人都是这么做的。我渴望大格局的生活。”“我像男人一样工作。但是我没有到处吹嘘自己，我只是埋头做事。广告业的其他人怎么做，我就怎么做——而那时的广告人多数是男性。在美国，在我所在的宇宙的一隅，我发现男同事热情而友好，我喜欢他们，并接受了他们的文化。”

罗伊斯和威尔斯都认为自己是艺术家，能创造出独具匠心、引人瞩目的作品，只不过两人的方式有所不同，他们似乎都未受到广告人困境所造成的忧虑与痛苦的困扰（德拉·费米纳也没有，但他更多时候是个喜欢恶搞的人，而非艺术家）。他们都推崇想象力，通过巧妙狡猾的手段来虚构真实。他们都很诚恳。德拉·费米纳也认为他以及其他特立独行者在与公众对话时，采用是一种“实在”和真实的语言和方式，与传统广告公司过时的一本正经大相径庭。特别是罗伊斯，他认为自己的艺术既真诚又前卫，要想对抗美利坚的伪善，这样的艺术是不可或缺的。20世纪20年代的广告人以及他们的接班人力图将自己变成真理政体中的真理言说者，而创新者与他们不同，创新者认为自己发展出了一种新的广告形式。

3. 广告与艺术

> 广告与艺术都是创造力的表达形式，并且都让现代文化变得更加丰富多彩。

1990年秋天，纽约现代艺术博物馆举办了一场盛大的艺术展，名为“高雅与低俗：现代艺术与低俗文化”，后来又在芝加哥与洛杉矶巡回展出。这次展览在业内有个专门的叫法——主题展览，它既表达出了一个特定的观点，也蕴含复杂的内容，它的影响之所以深远，部分是因为后来没再举办过类似的展览。

这场展览的意义如此重大，如此富有争议性，以至几年后人们还记忆犹新。它像催化剂一般，掀起了一场大辩论，有人认为这场展览具有里程碑意义，令人惊叹不已，称其为“分水岭”，而最有趣的说法是“一场迷人的灾难”。展览的初衷是为了修正传统的观点，向大家展示现代艺术与大众文化一直是互相联系、紧密捆绑的，它们激发了艺术家与创新者的灵感。这次展览的重点是艺术家作品，总共大约250件，通过这些作品，人们可以了解到所谓的低俗在现代艺术杰作中，起到了怎样的激发和推动作用。展览负责人颇为挑剔，他们在巴黎和纽约进行了严格的筛选，筛选出的雕塑和绘画作为高雅艺术作品展出，而报纸上的内容、漫画、连环画、涂鸦和广告则作为低俗艺术作品展出。在低俗艺术中，他们最关注的是不同形式的产品宣传形式，综合文字与图像，例如，产品目录、包装、橱窗展示和广告。

这场展览确实收获了一些好评，例如，有人称之为非常有价值又引人注目的尝试，但接踵而至的是猛烈的抨击，怒不可遏的批评者的言辞极尽尖酸刻薄，以至现代艺术博物馆后来再没举办过类似的展览。暴风雨是从《纽约时报》（1990年10月5日）开始的，那时距展览向公众开放还有两天。艺术批评家罗伯特·史密斯（Robert Smith）宣称，“高雅与低俗”艺术展充其量不过是一场在错误的时间和地点举办的错误的展览，其主题不过是老生常谈，肤浅又片面；还说这场展览既缩手缩脚，过于挑剔，又很自以为是——它将很多作品排除在外，轻慢了大众文化。左派批评者不满，质疑连环画或者涂鸦怎么就“低俗”了，而右派批评者同样深感不安，因为他们认为现代艺术博物馆把垃圾送进了艺术的殿堂，还是在说那些连环画和涂鸦，更别提广告了。换句话说，“高雅与低俗”艺术展既被批评过于传统，又被批评太后现代；既有人说它精英主义，亦有人认为它民粹主义。总体来说，它令人失望——它是艺术史的试验，但失败了。

这场展览挑战了当时流行的现代艺术观，简而言之，后者认为，高雅与低俗之间、纯艺术与大众文化之间、先锋与媚俗之间，不仅有矛盾，也有层次之分，并且两者是对立的、不可调和的。这种观点可以和大众社会的普遍理论联系起来，人们认为，物质主义统治了美国文化。大众文化或许能从高雅艺术中汲取养分，但这一定会让纯艺术堕落，所以才会出现商业化且虚假的东西。先锋艺术要想保持其纯粹、活力和风格，就必须与吵闹的大众分道扬镳，或者凌驾其上。在知识分子看来，真正的创造力之花只能在守卫森严的高雅艺术殿堂中绽放。

“高雅与低俗”艺术展为观展者呈现的是大家熟悉的艺术作品与独特的广告图像，策展人把艺术作品与广告作品放到了一起，精心挑选出一些作品进行对比，让观展者领悟到艺术与广告之间的关联。他们发现，不同的艺术家可以从同类广告中获得灵感，从而创造出不同的作品，这既说明了天才都是极具想象力的老观念，也肯定了纯艺术与大众艺术是互相影响的新观念。大约在相同的时间段，从1990年10月31日到1991年2月25日，巴黎的蓬皮杜艺术文化中心也举办了一场名为“艺术与酒吧”的展览。蓬皮杜艺术文化中心是一座艺术文化综合建筑，包含法国国家现代艺术博物馆，它相当于美国的现代艺术博物馆。与“高雅与低俗”艺术展相比，“艺术与酒吧”的展品更加丰富，更具体地探讨了20世纪广告与艺术是如何交流和融合的。两者的主旨也非常相似：广告与艺术都是创造力的表达形式，并且都让现代文化变得更加丰富多彩。这两场展览是标志性事件，或者可以说是分水岭。从其他地方我们也能够找到支持广告人的声音，他们赞许广告为艺术提供了源源不断的创意。

真正让大家接受广告是创造力的一种表达形式的，却是纪录片制作人道格·普雷（Doug Pray）在2009年所制作的纪录片《艺术与文案》（*Art and Copy*），在片中出现的广告人都是创新者。这部纪录片获得了不少奖项，也遭到了很多批评。这部鼓吹广告的作品是由“壹俱乐部”所赞助的，这家俱乐部是一家致力于推动广告发展的非营利性组织，不仅组织广告颁奖，还运营了创意名人堂。《艺术与文案》旨在向观众展示，在过去的几十年中，一小部分具有艺术才能的创意人士，如何用自己丰富的想象力和创造力，让我们生活的世界变得多姿多彩。这部纪录片采访了很多广告人，在该片的宣传过程中，广告人有多重定义，比如“有远见卓识的人”或者“英雄”。这些广告人详细阐述了自己的广告哲学，深入地讨论了自己的作品。男性广告文案与艺术指导无疑是本片的核心（片中仅有两位女性），这些受访者都认为广告非常重要。本片还展现了广告天才们富有创意的工作空间，还呈现了许多富有创造力的广告杰作，并强调这些作品与平庸之作有着天壤之别。道格·普雷称《艺术与文案》所拍摄的是2%的那部分广告作品，它们是精妙绝伦的传世之作，而不是让观众昏昏欲睡的98%的那部分。

4. 广告创意的产生过程

广告制作就像工业生产，一些才华横溢的人与权威人物被组装到一起，共同创造出最后的成果。

要想判断广告是不是艺术，广告人是不是创新者，我们首先得了解广告人的工作状况，了解他们的创作是否有意义。

海伦·伍德沃德的《那是艺术》（1938年），还有弗雷德里克·韦克曼的《广告员》（1946年）中所刻画的广告人的创造是一种堕落的创造，因为他们劳心费力创作出的广告平庸且缺乏独创性。这种论断当然会出现在说服者作品中，比如，喜剧电影《娇凤痴鸾》（1961年）和伊利亚·卡赞的《我就爱你》（小说1967年，同名电影1969年）。与之相反，罗瑟·瑞夫斯（Rosser Reeves）在自己的著作《广告的现实》（*Reality in Advertising*）中称，在营销领域理论（USP，Unique Selling Proposition）中，广告人要最大限度地发挥创造力，创作广告需要最高层次的创造力。瑞夫斯的营销领域理论要求广告人必须抓住品牌特色，在广告中把品牌独一无二的特点呈现给观众。找到这个独一无二的特点，就把握住了理性推销的关键，这是至关重要的。

有很多作品反映了广告人是如何找到创意的。詹姆斯·韦伯· 扬说过，他曾经在凌晨三点醒过来，脑海中浮现出广告的成熟想法。大卫·奥格威在《广告人的自白》中提到，要把潜意识的阀门打开，才能写出既有创造力又有想象力的文案。这些例子无疑给广告人的工作蒙上了一层既神秘又浪漫的面纱。

没过多久，广告文案就开始寻找成功的法则，这是必然的，他们想要找到一个所有广告文案或者图像设计师都能使用的、切实可行的方法，帮助他们发现既与众不同又有价值的点子。前文提到的詹姆斯·韦伯·扬，他在1940年出版了《生产意念的技巧》（*A Technique for Producing Ideas*），提出了五步骤法：收集原始资料、仔细检查这些资料、深思熟虑、产生创意、形成并发展此创意。他还把五步骤法比作亨利·福特的流水线，也就是说它是可以学会的，也是可控的。

另外一个美国人，亚历克斯·F.奥斯本（Alex F.Osborn）则提出了头脑风暴法，头脑风暴法在20世纪五六十年代风靡一时，它先是赢得了业内人士的青睐，之后很快就扩散到其他商业领域。十年后，坊间就有传言，奥斯本用头脑风暴法来激发员工的广告创意，从而“拯救”了公司。“二战”后，奥斯本成了一名畅销书作家，他出版了《你的创造力》（*Your Creative Power*）与《应用想象力》（*Applied Imagination*），这两本书大获成功，有很多版本。这两本书所关注的都是创造力，重点是如何激发想象力以及如何训练才能获得出色的创造力。他写道："头脑风暴，就是用大脑来解决一个创意问题，而且要像暴风骤雨一般，每一个参与者都要向同一个目标发起冲击。"头脑风暴的条件是把精挑细选出来的人组成一个小组（奥斯本认为有女性参与更好），他们要解决一个具体的问题，大家共同想出很多新点子。在整个过程中，不得判断或者批评别人的想法，点子越多越好，越新奇越好。参与者必须随心所欲地发挥想象力，同时要学会做加减法，学会替换和反转，不断地将点子联系、结合以来，要在旧点子的基础上开发出新点子。待大家都发表了意见之后，才能进行讨论和评估，从而找到一个价值与创意兼具的解决方案。

后来，伯恩巴克的创新理念——广告文案与艺术指导共同创作的观点大受欢迎，并取代了头脑风暴法，成为广告制作的主要方法。广告文案与艺术指导本来是截然不同的角色，但两者的联袂催生了轰轰烈烈又光彩夺目的20世纪60年代的创意革命。后来，随着电视机的普及，图像的重要性更是得以凸显。现在，文案与艺术指导需要通力合作，才能创作出让创意总监满意的广告提案——同时还要让客户满意。

既然有人吹捧，也会有人批评，创意至上的理念也遭到了严苛的指责，指责的人是那些思考过或者认真探究过广告人工作情况的圈外人。"这本书令人捧腹，读起来趣味横生，让大家更了解广告业"：这句溢美之词出现于迈克尔·J. 阿伦（Michael J. Arlen）的畅销书《三十秒》（*Thirty Seconds*）中，在广告界，这本书是探索创意的价值及其在实际作品中的应用的经典之作。

迈克尔·J.阿伦是《纽约客》杂志的记者与电视评论家，在《三十秒》中，他从自己的视角解读了生活中无处不在的艺术形式——广告。这本书出版后，许多观察家和作家也被类似的话题吸引。书里讲到，美国电话电报公司想通过广告改变人们对长途电话的态度。根据负责该广告的创意部门领导杰里·菲夫纳（Jerry Pfiffner）的说法，当时人们会不自觉地把长途电话与负罪感和焦虑联系起来——半夜电话响，肯定没好事，而且长途电话是出了名的贵，新广告要打消“长途电话不能随便打”的坏印象，而且要突出“想打就打”“打长途电话让人开心，方便且价格低廉”。基本方法就是软推销，要诉诸情感，要引导消费者感到快乐。创意部门的另一位工作人员认为，“在这个广告里，我们本质上就是在推销情感”。广告项目启动了一年之后，阿伦才参与设计。广告的主题与风格已经确定下来，关键的工作人员也已到位，开始着手制作广告，拍摄地点也确定了。阿伦花了不少气力才把之前一年落下来的功课补上，他得搞清楚在最终设计方案拍板之前，工作人员究竟做了多少前期工作。不过阿伦只关注了系列广告中某一个短广告的制作过程，这个短广告由形形色色的人打长途电话的幸福场面组合而成。

阿伦的书不仅记录了过程，也记录了参与其中的人。或者说，它通过聚焦不同的工作人员而研究了广告的创作过程，后来有学者称他们为“五花八门的工作人员”，他们多多少少都为美国电话电报公司的成品广告《踢踏舞》（*Tap Dancing*）做出了贡献。从创意总监、客户经理、客户代表、影像导演及其团队成员、演员、联合文案，到专门聘请的配乐师与影像后期处理人员，阿伦的研究以采访为主，他采访了很多人。“阿伦首先是个旁观者，”有位书评人评论道，“他找来演员，布置好舞台，然后就放手让主要演员来推动剧情的发展。”当然，《三十秒》也具体细致地描述了受访者，比如，他们的穿衣风格、他们做了什么、他们如何思考，并用大量的对话进行支撑和点缀。阿伦多半时候都躲在暗处，偶尔发表一下个人看法。所有的受访者都有名有姓，也都会说点什么，所以《三十秒》读起来就像一个熟悉这群艺术工作者的人为他们画的群像。

阿伦探究的人物基本都是中产，他们有着特殊的使命和神秘的工作方式，甚至说的是常人听不懂的语言。阿伦所研究的这些人也有着兄弟般的情谊。他们为同一个项目努力，构建了一个专业团队，对彼此非常了解，也信任对方的能力。这个团队中的关键人物几乎都是男性，除了演员。后来有学者指出，无论是过去还是现在，无论是在美国还是在其他国家，广告业的顶尖创意人士仍然是清一色的男性。虽然会有大量的女性进入广告业，但在实际创作过程中仍然是男性主导。阿伦注意到，着装也能反映出两类人的区别：一类是商务型，他们穿的是套装；一类是创意型，他们的穿着非常随意。商务型与创意型的不同着装意味着这两种人有着潜在的冲突，虽然在书中他们基本上都是一团和气。不过也有不和谐的时候，文案与艺术指导对于外行（比如，客户代表和客户经理）是出了名的不信任，因为这些人可能会干预他们的创作，似乎不尊重自己的艺术才能。在大一些的广告公司，创意工作人员有自己独立的工作区，比如说某一层全是他们的办公场所，这样他们就可以挥洒自如，或者远离墨守成规的商务型人员，这样言行举止可以更随意。

要想找出一部广告的导演或者作者是不可能的。整个广告活动的设计在前一年就开始了，一个大约有15人的创意团队要在几百个主题、广告语和手法之间反复斟酌遴选。但一旦广告开始拍摄，核心人物无疑就变成了导演。拍摄完成后，还要有人对原始胶片进行剪辑。一切大功告成后，客户是掌握着广告生杀大权的人，在看过广告之后，他们会提出自己的意见。广告制作就像工业生产，一些才华横溢的人与权威人物被组装到一起，共同创造出最后的成果。从阿伦的描述来看，有三个方面特别值得关注。

首先，广告人的创造力受到了限制，甚至可以说被压制了。参与者把创造力看作魔法药丸，只要加一些到广告中，就能增强其感染力。他们极为看重技术。但是，时间不等人，日程与最后期限不断迫使工作人员用老办法来解决问题，还是用大家都熟悉的方式比较稳妥，创新就谈不上了。实际上，社会学家肖恩·尼克松（Sean Nixon）在研究中指出，与其说创意是创新，倒不如说它是改进，就是创意工作者在自己熟悉的、有价值的事物中寻找一些细微的新奇之处。广告总是要紧跟潮流时尚的，所以创意人士会复制以前成功的策略和技巧。他告诉阿伦，在20世纪60年代，最流行的拍摄技巧就是拍摄太阳逆光画面，那种刺眼又灼热的效果非常震撼。十年以后，最流行的技巧则是短广告，它能在短时间内传递出大量信息，刺激观众购买，它的流行或许是因为电视广告被从60秒压缩到了30秒。

广告的制作过程离不开很多人的参与和努力，大家共同制造出假象，因此这样的欺骗似乎易于接受，这是第二个值得注意的方面。创意人与制作人在拍摄不同场景时，一切都要做到尽善尽美。一个做瑜伽的场景需要下点雨，一点点“均匀落下的雨”可不行，因为这样拍不出理想的效果。于是造雨机上场了，它能准确无误地在某扇窗户上下起瓢泼大雨或者毛毛细雨。琳达·斯温森（Linda Swenson）是一名广告演员，她在书中讲述了为麦当劳拍广告的趣事。广告里的画面是她在啃汉堡，但是每次拍摄都出了些问题，于是只能从头来过。问题是每个汉堡都冷冰冰，硬得跟石头一样，原来为了让汉堡不碎开，工作人员在上面抹了一层黄油，这样拍出来的效果也更好。“一天下来，我大概啃了50个冷冰冰、油乎乎的汉堡，每次啃的时候还得露出开心的笑容。我告诉你，我不是在拍摄莎士比亚的戏剧，但这绝对是在演戏。”广告既算不得完全虚构，也不是百分之百的事实。它是用理想化或者表征化的手法展现出快乐的人，这些人在电视观众都知道且熟悉的场景中表演一出美国戏剧。广告人要的是逼真，要的是看起来跟真的一样，而不是纯粹的真实。

所有参与其中的人都非常严肃、认真，这是我们要关注的第三方面。阿伦书中所纪录的人物都非常敬业。这些五花八门的工作人员不仅尊重自己的工作，还充满热情，他们连最微小的细节都要做到完美，为此经常吵个不停。对于《踢踏舞》广告，有书评人指出："工作人员前前后后努力了两年多，他们的心血都凝聚在这30秒的广告中，读者们被他们的才华与能力所折服。"但这位书评人也令人扫兴地说道："《三十秒》这本书从未正面回答一个问题：这个广告消耗了如此多的资源，很多人或许认为这是白费工夫，那么为什么要这么做？从道德上判断，它是对还是错呢？"阿伦的回答是，在艺术与商业联手的世界中，意义与道德都不重要。

5. 无处不在的广告

在美国，逃离广告的唯一办法就是睡着。

《POM汽水为您呈现：史上最卖座的电影》（*POM Wonderful Presents:The Greatest Movie Ever Sold*）是一部非常另类的纪录片，由摩根·史柏路克（Morgan Spurlock）导演并出演。史柏路克认为，广告既没有给观众带来享受，也没有让艺术或生活变得更丰富，广告人只是在见缝插针地推销产品，我们所生活的世界充斥着广告。按照现代消费者权益之父拉尔夫·内德（Ralph Nader）的说法，在美国，逃离广告的唯一办法就是睡着。摩根·史柏路克是颇有名气的独立电影制片人，他之前的作品《超码的我》（*Super Size Me*）为他赢得了声誉，该片揭露了快餐业，尤其是麦当劳提供的食品对人体健康的负面影响。在片中，史柏路克坚持一个月只吃麦当劳，结果很不幸，他不仅体重增加很多，身体变得浮肿，肝脏出了问题，甚至还患上了抑郁症。史柏路克通过自我实验或自我牺牲的方法，用诙谐幽默的手段曝光真相，这也是他作品的标志性风格。该片让快餐店的公关陷入了窘境。该片的成功也带来了一些积极的改变——麦当劳等连锁快餐店对菜单进行了改进。

史柏路克在自己最喜欢的电视剧中发现了植入广告，有条广告非常明目张胆，所以他萌生了个想法，通过纪录片来调查无处不在的广告。于是又一部搞笑纪录片问世了，片名是《POM汽水为您呈现：史上最卖座的电影》，名字可真是长。这部纪录片探究了“广告的真实性”这个话题，真实也是决定广告能否给人带来享受的关键因素。从标题我们就能看出这部纪录片的特别之处，即POM是一家果汁饮料公司，它已经承诺为这部纪录片提供100万美元的赞助。史柏路克拍摄的是一部抨击植入广告、营销与广告的纪录片，其拍摄资金的来源却正是植入广告、营销与广告——对此他感到非常自豪。

史柏路克全身心投入了纪录片的拍摄。史柏路克在电影开始的一幕告诉大家，随着数字录像技术与互联网的普及，电视广告已经没落，做广告的人为了让消费者看到产品信息，只好在其他场所投放广告，甚至是男厕所的小便池。电影接下来讲述了他为了拍这部纪录片所经历的重重艰辛。他为了从广告人或者客户那里拉到赞助，不得不四处游说，还得联系专家与批评家，与他们会面、协商、讨价还价。史柏路克采访了不少人，包括电影界的同行、批评家以及资深广告人等。有人说史柏路克开创了纪录片的新类型，片中广告随处可见，其他电影人可以效仿这种方法，因为之前的纪录片中通常没有广告，史柏路克听闻此言诚惶诚恐。他宣称自己所追求的是“透明”，这部纪录片是要告诉公众，广告植入的过程（好莱坞有人称之为“联合营销”）是怎样的、会牵扯到哪些人、用的是什么样的手段。因此，有影评人认为《POM汽水为您呈现：史上最卖座的电影》是最具“一元性”的纪录片，因为主客体是同一个。

史柏路克所面对的第一个困难（即使不是敌意，至少也是怀疑）来自商业公司。因为《超码的我》，他“商业敌人”的名声已经远扬在外。怀疑也是情理之中的，《POM汽水为您呈现：史上最卖座的电影》多少包含了一些反商业主义的思想，特别是它还嘲讽了销售宣传的荒谬。史柏路克试图寻求专家的建议，帮助自己消除“商业敌人”这个标签，同时也增加自己的吸引力。于是他专程去了欧森扎特曼公司，该公司号称能帮顾客发现自己的独特个性。这是整部电影中最搞笑的地方之一，该公司的工作人员仔细地询问了史柏路克的过去、价值观与人生观。他们测定出史柏路克的个性是矛盾的，既贪玩又慎思，他应该从最喜欢冒险的潜在客户那里寻求支持。后来史柏路克对这件事发表了看法，他认为欧森扎特曼公司的建议或许没什么价值，但至少具有前瞻性，因为他确实从爱冒险的客户那里拉到了赞助。史柏路克其实并不相信愚蠢的专家建议，但这件事证明了他在调查中得出的结论：在市场营销行业，有很多人和公司是靠着吹嘘晦涩难懂的知识以及信誓旦旦的保证扬名立万的。后来史柏路克又去了另一家名叫“购买学”（Buyology）的神经营销公司，该公司会对能引起消费的刺激——恐惧、渴望及性需求进行测试，这次经历同样让人一头雾水。这家公司让人联想到过去的动机研究专家，当今的广告人其实换汤不换药。在这家公司，广告既是科学也是艺术——两者是统一的，这都是老生常谈。专家们，尤其是市场调研人员，信誓旦旦地保证他们有办法让客户稳操胜券。他们让客户放心，说没有他们解决不了的问题，但令人难以信服。

广告业人士对史柏路克尤其有戒心。在电影中我们可以看到史柏路克为了拉赞助东奔西走，试图说服广告公司的业务代表。有家公司的业务代表对史柏路克的立场深表怀疑，认为他会谴责广告，抨击广告人。这可以理解，几十年来传媒界对广告人从未友好过，他们肯定不乐意看到诋毁广告的纪录片。赞助史柏路克这样可疑的圈外人能有什么好处呢？另一家公司确实表现出了愿意出资的意愿——但只是在镜头前；等摄影机一关，他们就拒绝了史柏路克。他们的做法反映出了表里不一在广告界是多么寻常的做法。多数公司的一致看法是“我们不想跟你的电影有任何干系”。唯一的例外是理查德·克申鲍姆，他本来就是史柏路克的朋友，还有他的合伙人乔恩·邦德，这两位都是资深广告人，他们觉得史柏路克的想法很有意思，愿意给他提供意见和帮助。事实是友谊战胜了顾虑。

史柏路克与公司打交道时需要他们鼎力相助。史柏路克仿佛化身为全能广告人。当克申鲍姆问史柏路克，为了拉到赞助打算付出多大代价时，他说，“不惜一切代价”。后来史柏路克承认，他前前后后用了大概九个月的时间拉赞助，打了五六百个电话。像大众汽车、苹果、可口可乐，当然也包括麦当劳，这样的大公司都拒绝了他。真正的转机是克申鲍姆对自己的客户班牌除臭剂公司展开游说，该公司老板在听了史柏路克的想法后最终同意出资，于是其他公司也以为史柏路克会“帮助品牌推广”，合作的大门才得以开启。史柏路克在片中本着公平交易的原则不遗余力地推销自己的想法。史柏路克向POM公司承诺，不仅要给他们插入广告，把POM排在赞助商的第一位，而且他在电影中只喝POM的汽水，把其他品牌的饮料全部打上马赛克。但史柏路克为POM所构想的包含三个笑点的广告提案全被POM否定，最后POM包办了广告的风格与内容。最后，史柏路克总算没有白忙活一场，除了班牌除臭剂与POM，他还拉到了其他赞助商。随之而来的，是一系列的承诺合同——史柏路克借助法律咨询来确定客户的要求是否合理、他应该接受多少。史柏路克不但不能贬损任何品牌，还必须积极推广这些品牌的产品。

这些承诺让史柏路克感到焦虑——隐隐约约的“存在危机”

是他标志性的风格。史柏路克在片中表示担心，他不知道自己是否会出卖自己。他还担心电影会丧失艺术价值，因为赞助商很大程度上能够决定纪录片的内容，而“电影是在讲故事，而不是在推销产品”，这一点必须得到保证。史柏路克被警告，要当心被商业公司收买。他采访街上的行人，问他们什么是出卖自己。“出卖自己是没有廉耻心的行为，给钱就什么都肯干，其他的都不考虑。”有人答道。也有人认为，关键是你作为一个导演，是不是比赞助商要做得好——实现了你的目标，如果做到了，那就不算出卖自己，那叫引入赞助。这部纪录片的宣传口号“他没有出卖自己，他只是引入赞助”就是这么来的。在影片的致谢部分，他告诉观众，他对本片所有赞助品牌的产品都不满意，POM公司也不例外。很显然，引入赞助也要顾虑道德的因素。

这部电影的结论是：植入广告不符合道德。从诚实的角度考虑，植入广告并不值得称赞。史柏路克问内德广告中究竟有没有真话，内德说有。纪录片中对街头行人的访谈却表明，对这个问题人们有不同的答案，或者说他们没那么肯定，他们以为广告中必须包含少量真实的信息，但为了把商品推销出去，广告人总是会修饰、夸大或者歪曲真实信息。事实上，他们认识到广告人的困境——可以制约欺骗，但永远无法彻底根除欺骗。史柏路克在电影中讲了个故事，儿子养的宠物金鱼尼莫死了，怕儿子伤心，他赶紧冲到宠物店买了一只看起来一模一样的金鱼，儿子还丝毫不知情。普通人的日常生活中也有很多谎言，所以广告中有谎言没什么大不了，但这并不能说明无处不在的广告能让我们生活的世界更美好。

《POM汽水为您呈现：史上最卖座的电影》进一步对广告让世界更美好的观点提出了反驳。史柏路克专程去了巴西最大的城市圣保罗，它也是全球人口最密集的城市之一。此行的目的是让观众看看一个没有广告的城市是什么样的，这得益于圣保罗的“清洁城市法”。几年前，圣保罗的市长在城市规划局局长的指导下颁布了禁令，要消除一切“视觉污染”，展现城市的真正面貌。这一举措刚出台时饱受争议，但现在的支持率达到了90%。零售商接受这一举措，并调整了广告形式，路上的行人也纷纷表示支持，说“一切都更清晰了”。史柏路克发现没有广告的城市美丽怡人，但影评人注意到，新举措颁布前后的圣保罗真实景色的差异跟纪录片所反映的不尽相同。“人们以为没有广告的圣保罗是个天堂，大家可以放松疲劳的眼睛，欣赏真正的美景，但他们没注意到鳞次栉比的建筑物看起来是多么昏暗单调。”唯一的点缀是稀稀落落的街头艺术或涂鸦，它们为沉闷的街景添了几分生气。接下来镜头又回到了色彩斑斓、让人眼花缭乱的美国街头的广告牌。史柏路克并没有从圣保罗的尝试中领悟到，一个没有广告的城市必须有公共艺术，这样风景才不会显得暗淡。

《POM汽水为您呈现：史上最卖座的电影》在电影行业受到了很多关注。大部分影评人在忍俊不禁的同时对这部电影表示了肯定。实际上，史柏路克的这部作品比观众所理解的要复杂、巧妙得多。他的探究的确与众不同，也有实质性内容，让大家注意到了在日常生活中司空见惯、习以为常的现象。但观众似乎并不是很感兴趣，如果说票房能反映关注度的话。根据统计，这部纪录片的本土票房只有近64万美元，而本片的制作预算预估是180万美元，差得有点多。那些植入广告的公司或许最后并没有掏钱，因为合同里规定，最终是否提供赞助、赞助资金的数额，是和电影票房相关联的。《POM汽水为您呈现：史上最卖座的电影》并没有像《超码的我》那样让大众兴奋，这其中的原因有很多。或许很多人已经接受了日常生活中铺天盖地的广告，以至很多时候认为它们并不碍事儿。

广告或者广告人究竟是让世界变得美好还是乌烟瘴气，史柏路克的纪录片并没有给出最终答案。任何结论都可能是主观的，这个问题难住了我们，就像谈论艺术时，人们总会问艺术是什么。无论喧嚣的广告是如何让人心神不宁，有它总好过生活在看不见广告牌、只有光秃秃的混凝土墙壁的城市。其实，广告所带来的麻烦比涂鸦要少得多，涂鸦或许更真实，但也更有争议性——涂鸦经常受到抨击，因为它污染了公共空间。不过到了农村就不一样了，就连大卫·奥格威这样的广告人也承认，广告牌会影响到自然之美。广告人，从某个角度而言，至少是通过谎言与骗局赋予城市生命力的艺术家。

PART 06

第六部分 一切都是一场秀

在广告人看来，广告是一门关于操控的科学。广告人斩钉截铁地宣告，所见所闻即事实。消费者的信仰是广告人打造出来的，广告人让他们信什么他们便信什么。

——兰德尔·罗森伯格[1]

谁给我们钱，我们就为谁出力，客户想让消费者买什么，我们就能让消费者买什么。我们是洞察人类本性的高手。在美国，消费者不过是任由我们摆布的提线木偶，我们只要动动手，他们就会手舞足蹈。

——约书亚·费里斯[2]

1 引自Randall Rothenberg，*Where the Suckers Moon*

2 引自Joshua Ferris，*Then We Came to the End*

广告已经“跨越出自己的领土，统治了我们的文化”，这是霍普金斯大学媒体研究中心主任马克·克里斯平·米勒（Mark Crispin Miller）的论断。它出现在1990年7月31日开播的NBC电视台黄金时段纪录片《性、消费与广告》（*Sex, Buys and Advertising*）中。这部纪录片开门见山地告诉观众，20世纪80年代的美国发生了一次广告大爆炸，每个人都别无选择，只能置身其中，主持人断言：当今的时代是营销的时代，广告与宣传的地位是如此显赫，已然渗透到新闻和娱乐中，甚至超越了两者，这让人们惶惶不安。这部纪录片从多个角度呈现了广告热潮的风貌，例如雅诗兰黛的宣传活动、名人广告的风潮、对消费者以及青年人的消费偏好的研究、广告业的行业规范以及广告欺诈的问题。观众在纪录片中能看到很多电视广告短片，多半是比较新的广告，也能看到各种各样的人物访谈，包括模特、演员、公务员、教授等，其中有些人物对广告是持批判态度的，但多数业内人士，尤其是广告人，基本上是在为广告辩解或正名。“广告拥有权力”这个观点贯穿这部纪录片的始终，广告人在片中反复申告，广告要想获得成功，关键是要激发消费者的情感，而非理性思维，这与脑科学或者意识研究的重点也颇为一致。米勒对广告所带来的影响显得忧心忡忡，心理学家卡罗尔·莫格博士在片中表示了同样的担心。如果我们无论在哪，抬眼就能看到广告，如果广告掌控了文化，后果会怎样呢？主持人诺维尔指出，消费者或许会群起而反之。她的观点不过是拾人牙慧，毕竟70年前就有人这么说了。但她认为广告会继续繁荣，约束广告的责任在于消费者。

接下来的25年，随着互联网技术日趋成熟，美国的广告热潮不断加速，不断蔓延。广告出现在越来越多的场合，如电影、电视、品牌专卖店、人行道、停车场、水果包装、建筑物外层乃至小便池。当然，最引人注目的是互联网广告。尽管互联网最开始被吹捧为没有广告的净土，最终也还是臣服于营销的需要。据估计，截至2016年，投放于互联网广告的总资金达到了720.9亿美元，首次超越了投放于电视广告的总花费。起初互联网广告以垃圾邮件的形式出现，所宣传的商品多半是粗制滥造的。很快，网页上开始出现大量的横幅广告或弹窗广告，视频逐渐取代图片，推销的产品五花八门。同时，网络用户的记录可以被追踪和保存，哥伦比亚大学知名法学教授吴修铭于是提出了一个说法——“注意力批发商”，它指的是像谷歌、脸书之类的网站收集并记录用户的兴趣和喜好，然后将这些信息卖给广告商。人们似乎也乐意分享此类信息，因为这样可以免费使用搜索引擎和社交媒体。于是精准广告应运而生，这是为特定的消费者量身打造的广告，就像网络时代的新型跟踪方式。另外一个变化就是隐秘营销的出现，无论是在传统广告还是网络广告中，我们都能看到嵌入节目内容的广告，或者节目本身就是广告人赞助的，新闻也好，娱乐节目也好。就连拦截广告的软件拿隐蔽营销广告也没办法，因为它只能拦截直接明显的广告。更重要的是，隐蔽营销广告打造出一种新的无意识销售方式，它能够躲开消费者的认知防御体系。

《性、消费与广告》只是块引玉之砖，后来又出现了许多探究广告热潮、广告影响的作品，这些作品也探究在电子技术及互联网的飞速发展改变了信息传播的背景下，广告人身份的转变。此外，它们也反映出了25年来广告人影响力的式微。

1. 什么是真相

> 当今的时代是营销的时代，广告与宣传的地位是如此显赫，已然渗透到新闻和娱乐中，甚至超越了两者，这让人们惶惶不安。

1997年末，美国上映了一部黑色政治讽刺片《摇尾狗》（*Wag the Dog*）。这部与众不同的电影反映出广告人的权力与势力范围，如何在营销的新时代进一步得到了加强与扩大。在电影所构想出的社会中，推销与谎言泛滥成灾，以至真相完全不可见，它同时也暗示广告人已经成了过去时。

首先映入观众眼帘的，是一句19世纪的谚语："为什么狗会摇尾巴？因为狗比尾巴要聪明。如果尾巴更聪明的话，那就应该是尾巴摇狗了。"这句谚语的真实含义有些模棱两可，它的大概意思是屁股不能指挥大脑，部分不能指挥整体。电影的主要情节是两个艺高胆大的坏家伙如何制造出美国发动战争的假新闻，以救深陷性丑闻的总统于水火。这种主题深刻的喜剧在好莱坞并不多见，但《摇尾狗》却大获成功，甚至被奉为经典之作，虽然它的制作成本大概只有1500万美元，从开拍到杀青只用了29天。上映后不到四个月的时间里，它在美国本土的票房就高达4000万美元。这部电影的成功，与前一年闹得沸沸扬扬的克林顿与莱温斯基的性丑闻以及紧接着克林顿所发动的美国对苏丹的战争不无关系。人们觉得这部电影奇迹般地预见了未来。它赋予了那句老谚语新的意义，“摇尾狗”成了媒体评论美国政坛的新词汇。直到21世纪，人们对这句话仍然念念不忘，它成了经典语句，体现出舆论与政治的密切关系，也体现出技术如何改变了说服的本质。

不过这部电影的成功还有一个更显而易见的原因，那就是演员精湛的表演与深刻的讽刺，被称为“电影的真理之环”，而且“荒诞与说服力兼具”。《摇尾狗》是电影行业顶级人士的联袂之作。它改编自小说《美国英雄》（*American Hero*），该小说认为海湾战争不过是为了保证老布什连任的一场盛大表演。翠贝卡影业买下了这部小说的电影改编权，这部电影后来吸引了老牌导演巴瑞·莱文森（Barry Levinson）的注意，他最感兴趣的是故事中的瞒天过海之计。莱文森后来透露，电视的负面影响以及电子技术可能带来的威胁让他深感不安。他与同样才华横溢的剧作家大卫·马麦特（David Mamet）强强联手，对原著进行了改编。这部讽刺电影集张力、机智与荒诞于一体，是他们的心血之作，捕捉到了媒体与政治媾和所带来的疯狂与危险。

《摇尾狗》为我们刻画出了一个笼罩美国公众的天罗地网。莱文森与马麦特认为电影中的情节正在现实中美国千家万户的电视中上演，因为公众所以为的事实，确切地说是超现实，正是由电视等媒体构建的。大部分的媒体资源为我们展示的，都是媒体人以及他们的团队所设计出的骗局，无论是内容还是手段。电影中有个场景向观众演示了假的视频新闻是如何制造出来的：一个饱受战争戕害的阿尔巴尼亚姑娘正在逃离村庄，因为恐怖分子袭击了自己的家乡，观众可以看到摄影棚里的实景，一个美国女演员先是签下卖身契，然后化装成阿尔巴尼亚姑娘，摄像机拍下她逃难的一幕，最令人震惊的是，先进的电子技术能把空荡荡的绿幕替换成硝烟滚滚的村庄，把她手里抱着的大包薯片替换成一只可怜巴巴的猫咪！剧中的潮流之王还专门设计了与剧中战争有关的纪念碑、鞋子、汉堡等纪念品，目的是吸引公众的注意力并大发不义之财。布里恩指出，玩转美国政治的原则就是宣扬正能量和主旋律，给公众打鸡血。伊朗人质危机也好，海湾战争也好，都是在作秀。

电影同样表现出对容易上当的媒体与公众的蔑视。凡是有时效性且能引起轰动效应的独家新闻都能让媒体乖乖就范。骗子们大获全胜，成就他们的是不愿意知道真相的媒体与公众。曾经的白宫新闻秘书迪·迪·迈尔斯（Dee Dee Mayers）认为，电影想告诉观众，整个公关过程就是一个笑话，睁眼说胡话随处可见，眼见并不一定为实。说服者们不需要建立公信——那是电视、新闻乃至娱乐节目的责任，他们也不用再为真假操心，因为他们所编织的仿真网络已然能够决定什么是真、什么是假。电影中人物的诙谐搞笑以及他们的成功，无不让人联想到20世纪初骗子小说中的人物。作为一部优秀的讽刺作品，《摇尾狗》让人忍俊不禁，但故事的内核却是严肃而深刻的。它呼唤人们用怀疑来看待现实，用冷眼来探究世界，只有如此，才能发现政治中隐藏的真相。

笔者认为《摇尾狗》属于反映仿真网络的作品，这个说法是向《黑客帝国》致敬，这部电影当时风靡一时，非常具有创新性。电影的设定是在反乌托邦的未来社会，人类生活在虚假的现实中，因为人类的意识已经被假象所操控，此举是为了维持机器对人类的统治。焦虑在社会性对话中很常见，《黑客帝国》是人类焦虑的极端体现。人类对现实的体验总是受到媒体中媒介物的影响，许多作家和导演对这个话题都很关注，或者说至少表现得很关注。后现代的焦虑反映出一种理念：真理无从得知，因为社会的建构附庸于言说者的主观立场。

美国的作家们也以多种多样的方式表达了他们的焦虑。尼尔·波兹曼（Neil Postman）对娱乐行业的主导地位深感不安。“娱乐是必需的”，这种观点充斥于公众话语之中，尤其是电视节目。波兹曼在广为称赞的作品《娱乐至死》（*Amusing Ourselves to Death*）中表明了自己的态度。左派历史学家斯图尔特·尤恩

（Stuart Ewen）在《消费众生像》（*ALL Consuming Images*）中关注了泛滥成灾的广告形象，这些广告形象已经统治了美国人的生活与话语权。1989年，著名制作人兼编剧比尔·莫耶斯（Bill Moyers）策划了一部名为《消费形象》（*Consuming Images*）的纪录片，让更多人关注到这种焦虑。

不过最有影响力的作品是《制造共识：大众传媒的政治经济学》（*Manufacturing Consent:The Political Economy of the Mass Media*）。该书为读者揭示了新闻的宣传模式——新闻媒体，其不过是商业精英与政治精英的工具，尤其是在国际新闻领域。类似的作品还有很多，它们都批判了社会性对话中的两个问题：一是媒体的不忠，媒体对政治产生了负面影响；二是宣传如此风起云涌，其目的就是给公众灌输思想，这样精英的统治才能长治久安。这两个问题是相互关联的，在电影《摇尾狗》中也显而易见。

2000年之后，人们对这部电影又有了新的看法。这一次人们关注更多的，是舆论如何左右政治，即“新闻公关”，这个词最早可以追溯到至今观众还记忆犹新的电影《候选人》（*The Candidate*）。此类话题影片的鼻祖是一部名为《战略室》（*The War Room*）的纪录片，这部电影着重反映公关负责人与最重要的选举谋略顾问如何运筹帷幄，最终说服选民，因此比尔·克林顿才能在1992年的美国总统选举中胜出。这两人允许导演拍摄他们在大选过程中的部分谈话与举措，让公众走近选举后台，让他们有机会了解政治公关如何包装候选人、如何影响新闻和如何应对公关危机。虽然这部纪录片并没有广泛发行，但它的口碑以及影响力有目共睹。或许是由于这部影片的宣传效应，詹姆斯·卡维尔也成了名人，他诚实且有效地履行了自己作为政治公关的职责，在媒体甚嚣尘上的年代，他的政治操盘是至关重要的。

这些作品影响了人们对公关广告公司的看法、对他们所起的作用的看法以及对广告人等说服者的看法。通过这些作品，我们不难发现，广告人困境所带来的痛苦与羁绊正在消逝。莱文森后来在评论《摇尾狗》时称，他在电影中所勾勒出的政治体系是一个封闭的体系，既没有英雄，也没有坏蛋，既没有善，也没有恶，它只是不得不运转下去；他并没有指责个体，而是把矛头对准了整个体系。能伪造出拟像的电子技术让他十分惊骇，听起来似乎有点技术决定论的意思。仿真网络的统治者现在有了技术的推波助澜，可以更得心应手，有的放矢地伪造现实。主人公的作用受到了整个体系的需求的制约，也就是说媒体、政治以及新闻的产生都受其制约。但这样的观点与人们对于说服者目标及行为的道德判断却是相悖的，它在社会性对话中并不多见。

2. 资本主义的文化转向

品牌缔造者们是知识经济社会新兴的原始生产者，

广告人不再是产品推销员，而是商业文化中的哲学王。

20世纪90年代，在后现代焦虑的影响下，反对广告的传统开始逐渐复苏。1989年在温哥华成立的广告克星媒体基金会（Adbusters Media Foundation）成了反对广告的中坚力量，它尤其支持文化介入广告。该基金会很快就筹资拍摄了反对消费的宣传广告，并在电视节目中投放部分广告，而且发行了《广告克星》（*Adbusters*）杂志，对广告极尽批评挖苦之能事，同时把感恩节的最后一天，也是西方国家一年中最繁忙的购物日定为“不消费日”，以对消费表示抗议。20世纪末又涌现出不少批判广告的纪录片。哈罗德·伯海姆（Harold Boihem）的《广告与自我》（*The Ad and the Ego*）向观众展示了广告如何构建出一个仿真网络，倒霉的老百姓困于其中而逃脱不得，虽然不少人认为自己可以置身事外。《富裕病》（*Affluenza*）是一部构思巧妙、妙趣横生的纪录片，它与紧接着拍摄的《逃脱富裕病》（*Escape from Affluenza*）都对广告进行了抨击，并努力地想把美国从物质富足的社会病中解救出来。1999年，著名的女权主义者与演讲家琼·基尔伯恩（Jean Kilbourne）出版了《致命的说服》（*Deadly Persuation*），在书中她解释了为什么女性必须与令人上瘾的广告抗争。

在千禧年到来之际，一本书的横空出世改变了这一局面。1999年年末，有位年轻的加拿大记者克莱因写了一本揭露广告及营销所产生的恶劣影响的作品，书名是《拒绝名牌》（*No*

Logo）。这本书很快就在多个国家打进了畅销书排行榜，并被翻译成多种语言。《拒绝名牌》是克莱因的处女作，处女作就能获得这样的成功，非常少见。20世纪90年代初，克莱因从多伦多大学肄业，到《多伦多星报》做了一名专栏作家。工作期间，克莱因有足够的时间和空间做自己感兴趣的研究，她认为全球资本正在发生一场革命，它威胁到了社会公正以及当今世界的同一性与真实性。

准确地说，这本书所反映的是资本主义的文化转向，也就是一流的公司通过文化的方式来给自己的品牌打广告。这本书有四大版块：没有空间、没有选择、没有工作和拒绝名牌。前两部分着重论述了品牌狂热的历史以及来势汹汹的新型营销手段，第三部分论述了第一世界的品牌崛起如何催生出第三世界的血汗工厂，最后一部分的主题是针对“品牌世界”的反对全球化社会运动是如何风起云涌的，又有着怎样的特点。克莱因很高明地将宣传、消费、生产与抗议联系起来，并且穿插一些生动的事例，这是本书的优点之一。她对于营销的论述在广告人的作品中留下了浓墨重彩的一笔。克莱因指出，在20世纪八九十年代，美国的企业逐渐分化。以零售巨头沃尔玛为代表的一部分企业是靠价格取胜的，这对追求价廉物美的美国老百姓来说很有吸引力。1993年4月的某个星期五，菲利普·莫里斯大幅降低了万宝路香烟的价格，并称那天为“万宝路周五促销日”，以应对其他便宜的香烟生产商的挑战，这个营销策略似乎大获全胜。有些观察家认为像万宝路这样的高级品牌之“死”意味着品牌的终结，对广告的商业意义来说是一个沉重的打击。

但是，在接下来的几年中，又出现了一股品牌扩张的浪潮。这股浪潮起源于20世纪80年代，当时的经营管理理论家以及一些商界领袖认识到了品牌价值的意义——品牌价值就是说，如果一个品牌很受消费者欢迎，它会给产品或企业带来一定的附加价值。1988年是个关键性的时刻，一些著名企业注意到了推广独特的品牌愿景的重大意义，以及凸显极具辨识度的商标的重要性。运用这个策略的公司有很多，最具代表性的是耐克。在经历过短期的衰退之后，耐克公司于20世纪90年代初采取新战略，把生产外包给劳动力与原材料更为低廉的发展中国家的工厂，并不惜重金四处做广告，耐克的营销方式多种多样，比如赞助体育赛事、开设品牌专卖店等。这些企业几乎不放过任何公共空间与私人空间，无论是在家、公司、娱乐场所，还是在学校，就连洗手间里也有广告。品牌标志无处不在。

《拒绝名牌》深入地探讨了品牌如何统治公众。久而久之，品牌的意义发生了改变，变成了优秀和卓越的象征。在品牌诞生的那一刻及以后的很多年间，品牌不过是个名字，是附属于产品的商标。但近几年来，品牌已经摆脱了产品的羁绊，化身为某种观念、生活方式以及某类人群的象征，它代表着企业与产品的精神面貌。克莱因在书及访谈中都提到，品牌所推销的是“一种伪精神”，是“一种归属感”，她认为品牌缔造者们试图在填补空虚的世界，这种空虚是由传统机构的没落与政府的放权所造成的。她不明白，耐克怎么就成了健康生活与体育精神的缩影；星巴克为何不只是咖啡店，还是志同道合的人的聚集地；美体小铺如何跟环保主义与女权主义发生关联；迪士尼为何代表的是家庭和睦，是传统美国的价值观。吸引眼球的广告、明星代言、品牌专卖店以及对体育赛事的赞助是耐克的拿手好戏，正是通过这些方法，耐克的标志成为经典。很多类似的公司现在都成了“超级品牌”。在《拒绝名牌》十周年纪念版的前言中，克莱因还指出，这种“精神缔造法”已经被用到了政治领域：奥巴马的形象就是如此打造出来的。

价格战与品牌狂热都让广告人受益。数据很快证明，担心广告在市场中的作用会越来越小是多余的。广告人也越来越把自己看作“品牌管家”，也就是帮助企业培养“企业灵魂”的专家，他们不再兜售产品或者策划宣传活动。企业不应该只关注目前产品的销量，应当着眼品牌的未来，广告费是对未来的投资。精通此道的广告公司告别了高声叫卖产品的时代，摇身变为品牌的缔造工厂，他们苦心孤诣地想找到真正有价值的东西，例如，一种理念、一种生活方式、一种态度。克莱因认为，品牌缔造者们是知识经济社会新兴的原始生产者，广告人不再是产品推销员，而是商业文化中的哲学王。

克莱因的分析还有另外一层含义——超级品牌是确立身份的

主要方式，也很大程度地决定了各行各业人的行为。企业正在接管文化，他们吸引着公众，控制着公众，并限制了他们的选择。这都是老生常谈，不过是换汤不换药的指责罢了。克莱因提出了“品牌霸凌”的概念，她认为像迪士尼这样的公司把版权法等法律当作武器，所以公众既不能批评它，也不能嘲弄它。越来越多的啤酒公司与服装公司为摇滚演唱会提供赞助以炒作品牌，把摇滚歌手变成他们的雇佣军。沃尔玛超市绝不售卖与它苦心经营的和谐家庭理念相矛盾的产品、唱片或杂志。星巴克通过“品牌轰炸”的方式来打倒竞争对手。迪士尼公司严格控制佛罗里达州的迪士尼乐园，确保里面没有任何广告牌，如此，在乐园游玩的人只能接受迪士尼文化的熏陶。非常讽刺的是，在这一波用精神来缔造品牌的浪潮中所形成的企业形象，很容易遭到人们的抵制。克莱因也认为，挪用观念可能导致消费者的不满，甚至奋起反击。

这些公司把美国公众束缚在一个他们全权掌控的品牌之茧中，可以说消费者对他们的反对与抵制是他们咎由自取。他们如饥似渴地在政治运动中汲取养分，以便为自己的品牌“意义”注入新的生命，结果让反对者越加愤怒与极端。他们放弃了传统的直接又可靠的雇主角色，开始追寻缔造品牌的梦想。他们失去了公众的信任，而信任原本是他们的保护伞。他们把独立的理念灌输给这一代消费者，却无意中赋予了消费者敢于发声、敢于抗争的独立之勇气。

总体而言，《拒绝名牌》在公共知识分子圈受到了普遍好评，并很快被视为反对全球化运动的经典之作，影响力堪比《资本论》。克莱因成功地记录了世纪之交弥漫于社会性对话中的焦虑与担忧。没有任何一本书能像《拒绝名牌》一样，拥有如此多的读者，激发如此多的讨论。克莱因对不断扩大的品牌领域的刻画既生动又深入，同时也比较冷静。她对现代社会的品牌状况的分析，是其作品成功的关键。她之所以能一炮成名，是因为她能从一个与时俱进的新视角来看待问题。

批评的声音同样存在。有位无政府主义者在一篇匿名文章中写道，《拒绝名牌》虽然是一本有趣的书，也是很好的入门读物，但实在乏善可陈，因为克莱因认为广告是问题所在，但其实真正的敌人是资本主义。也有其他人称，问题的根源不在那些品牌大师，而在于巨头资本家，比如银行以及大型能源公司。但没有人提到克莱因对广告的定位实际上是错误的，她只关注广告最风光的一面——超级品牌的缔造。没错，20世纪八九十年代在广告行业国际大赛上获奖的作品，都是那个时代最杰出的电视广告与电影广告，比如，耐克、绝对伏特加、可口可乐、香奈儿、百威等。但是，也有很多平面广告与广播广告的目的仍然只是为了推销产品，而非缔造品牌。诉诸理性的广告为消费者提供的是具体的信息，如低廉的价格、更好的口感、优化的性能，这样的广告非常普遍，尤其是在超市、汽车4S店这样的产品零售店。高科技产业的广告，比如，电话或电脑公司的广告，提供的也是具体的信息。宝洁公司是美国最大的广告主之一，但《拒绝品牌》一书中从未提到过宝洁公司。另外，像IBM与美国电话电报公司的广告，不仅推广品牌、产品，也推广公司形象。

而且，广告一直以来就是帮助塑造品牌的工具。克莱因似乎隐藏了这个事实。无论是专利药的广告还是霍普金斯与卡尔金斯所讨论的广告，都是如此。19世纪末的商店会围绕着某项活动或主题营造出特别的气氛以促进销售，进店购物的人所接受的刺激与感受到的效果，实际上跟在耐克品牌专卖店与迪士尼乐园所体验的差不多。商店也会为圣诞节的游行庆祝等社区活动提供赞助，以起到广告宣传、聚拢人心之效。在20世纪20年代，广告人布鲁斯·巴顿之所以出名，是因为他能够发现公司的内在精髓并将它发扬光大，而内在精髓就相当于克莱因所描述的品牌文化。20世纪五六十年代为可口可乐、万宝路或者百事可乐效力的广告公司，其实都是品牌缔造者和品牌管家的典范。克莱因笔下的营销浪潮，不过是广告助力品牌打造的漫长历史中的一个篇章。资本主义的“文化推动”实际上可以追溯到19世纪90年代，甚至更早。

书评人同样没有注意到的是，克莱因对广告的批评是老生常谈。克莱因有意把自己的观点与过去的“反对营销之风”以及学界的口诛笔伐区分开，说他们的抨击非常没有震慑力。她尤其反对只批评广告的内容与技巧的做法，她同样反对学院派评论家对愚蠢的老百姓的蔑视。而且书中的内容虽然有些是真实的，但克莱因无所顾忌的批评却有误导性，因为她所提供的信息并不完整。在反对广告的传统中，人们一直认为广告人的目的就是要统治文化。对此，罗蒂在20世纪30年代就深感忧虑，他认为广告人宣传散布的伪文化会对美国的健康发展、进步造成危害。下一代历史学家汤因比也持同样的看法。当代历史学家杰克逊·里尔斯论述了广告是如何重塑美国文化，文化批评家托马斯·弗兰克则探讨了广告人在反传统文化形成过程中的作用。在记录广告历史的优秀作品中，罗兰·马尚论述了早在“二战”爆发前，广告人如何打造公司文化，又如何把品牌提升到近乎观念意识的地位。其他学者也分析了广告人是通过何种手段控制影像的，尤其是在电视大行其道的时代。克莱因忽视了广告的过去，忽略了历史的教训与遗产，这种忽视在社会性对话中其实很常见，因为批评者与辩护者都对历史知之甚少。

有人会说克莱因也没有考虑到未来，这种说法或许有失偏颇。《拒绝消费》是在千禧年还未到来时写就的，因而她无法预见互联网与移动通信技术的发展及社交媒体的出现，会给广告、市场营销等说服性行业带来怎样巨大的冲击。但这同样算不上稀奇，毕竟大多数人都没有这种远见卓识。

克莱因的洞见在于她把品牌的缔造、新的宣传手段与20世纪90年代势不可当的广告与营销联系起来，并进行了具体阐述。她让公众认识到生活中随处可见的品牌的危害，尤其是她所了解的品牌。《拒绝名牌》字里行间洋溢着激情，因为跟很多年轻人一样，克莱因曾经上当受骗。读者似乎能感觉到她的愤怒是来自受害者的身份——三番五次上当受骗的人必须奋起反击。她让大家清楚地认识到广告的权力——塑造出我们所感知的真实，或者说至少看起来她的目的在此。她也探究了消费者如何才能抵制、反抗广告的权威，有人认为，她顺势而为，充分利用了后现代的焦虑所唤醒的能量，坚定地要把每个人从商业公司的统治中解放出来。

3. 斯文加利的幽灵

> 这些斯文加利本质上是不讲道德的，根本不知广告人的困境为何物。各种形式的欺骗，从谎言到面具，都是为了实现不可告人的目的。

威廉·吉布森是个美国人，但常年居住在温哥华，“赛博空间”这个词就是他最先提出来的。他在十年间创作了三部信息量巨大的作品，被称为“蓝蚂蚁”三部曲，包括《模式识别》（2003年）、《幽灵之国》（2007年）与《零历史》（2010），全都是《纽约时报》畅销书排行榜上榜之作。每部作品的时代背景设定都是现在，确切地说就是出版的前一年，他用科幻的形式反映当下。这套书（威廉·吉布森开始并没有打算写成三部曲）为读者呈现了“9·11”恐怖袭击事件所造就的怪诞世界以及它造成的影响。

“蓝蚂蚁”三部曲讲述了一系列惊悚故事，主人公要解开谜团，寻找答案，故事中经常出现打斗场面。这套书与“007”系列有些相似，故事场景在世界各地切换，有各种各样的黑科技和大胆冒险的行为，当然也缺不了英雄。但三本书所关注的重点并不相同。《模式识别》所关注的是品牌与营销的世界，其创作受到了克莱因《拒绝名牌》的影响。《幽灵之国》则聚焦于安全问题以及无处不在的监控，书中的角色有政府官员、罪犯等。《零历史》中则随处可见军国主义的象征，军国主义与商业、时尚以及品牌是相互联系的。

在三部曲中的世界，信息与谎言泛滥成灾，四处都是虚拟的现实。三部曲中有很多高科技元素：笔记本、互联网、闭路电视、全球定位系统、数据挖掘、在线视频、暗网、移动电子设备、无人机、增强现实等，这些高科技产品渗透入21世纪生活的方方面面。《零历史》中出现了很多苹果公司的产品，所以有书评人抨击吉布森是为苹果公司打软广告。对于真实性的持久渴望是救赎世界的方式，人们怀疑商家的阴谋诡计，抵制名牌，同时热爱艺术，赞美创造力。贝格德不是主角，但也不是反面人物。只有在《零历史》中，他的故事才算得上重头戏。但这个人物却贯穿了“蓝蚂蚁”三部曲。作者的初衷并非如此，按照吉布森最开始的构想，贝格德只是无足轻重的角色，但他最后成了关键人物。“我没打算花多少笔墨塑造贝格德，但从他出场的那刻起，他的戏份就越来越多，那我就顺其自然吧，于是这个人物越来越重要。”在营销盛行、电子科技飞速发展的时代背景下，贝格德看起来就像把普通民众玩弄于股掌之中的天神。

在三部曲中，贝格德的人物性格与事业轨迹是一点一点地交代出来的，虽然到最后他仍然是个神秘人物，但吉布森直截了当地告诉了读者贝格德的出身——他是特权阶级。贝格德在英国上流子弟寄宿学校读的小学，最后去了哈佛大学。他在好莱坞混过一段时间，也在巴西待过，后来在欧洲创办了自己的公司“蓝蚂蚁”——这时他已经预见到了全球化时代即将到来。他在三部曲中首次出场时已经是广告界大亨，新闻界赞誉他是成功的革新者。贝格德超级富有，钱对他来说永远不是问题，在广告人里，这是很罕见的。吉布森描述了他引人注目的外表、身材以及品位。他仪表堂堂、英俊潇洒，女人对他趋之若鹜，乍看就像“喝着处女之血、吃着松露巧克力的汤姆·克鲁斯”。吉布森为了揭示他的贪婪与掠夺本性，还专门提到了他一口整齐、洁白又显眼的牙齿，笑起来让人惶恐不安。他的身体内好像充盈着更多奔腾的血液，皮肤非常红润，体温也比正常人要高。他的穿着极具个人风格，在哪儿都能成为焦点。

贝格德称自己遗传了母亲大大咧咧的风格，他的兴趣不在于挣钱，营销、广告与媒体策略才是他的追求。贝格德所肩负的使命似乎有益无害："我想让公众注意到那些就在他们身边，但他们不了解的东西。"他喜欢以"乖张的横向思维鬼才""三十几岁的天才男孩""新世纪商界的真理探索者"的身份示人。他伪装成哲学家，对营销有着自己的论断，比如销售产品比生产产品更需要创意，公众受到非理性欲望的驱使，人们愿意出钱购买的是广告而非产品，道理是触类旁通的，当今的世界是大众传播的世界，等等。当然这些论断并非他独创，贝格德不过是鹦鹉学舌，模仿的是后现代主义理论的陈词滥调。他声称自己有强烈的好奇心，决心要把非同寻常的现象和人们暗地里的奇怪举动都搞得明明白白，这样才能设计出更好的销售方案。

贝格德自诩他的核心原则是"创作真正有生命力的广告，它不需要语言和逻辑，就能打动成熟又深邃的灵魂"。蓝蚂蚁"在一群如缓慢笨拙的食草动物的广告公司中脱颖而出，因为它行动迅速，绝不拖泥带水"，从一开始贝格德就如此标榜，后来又把"蓝蚂蚁"称为"第一家连锁广告公司"。"我们可不是一家普通的广告公司，"贝格德自诩，"我们还做品牌形象传播、潮流预测、供应商管理、年轻人市场考察、策略规划等。"他设法把各种各样的信息搞到手，尤其是新奇或者具有创新性的东西，以为自己所用。他同样关心创意，甚至还建立了"一些奇怪的部门"以帮助公司的创意人员。

有人称贝格德为"可怕但很有才华的巨婴"，与"自然界的力量”有些相似，就像海上的巨浪。他或许很有魅力，但是让人觉得不可信。他没有道德的是非观，也没有受困于广告人的困境或说谎者的困境。骗局没有引起他丝毫的不安。他在雇用了一个“全无道德、满嘴谎言的讨厌鬼”时打趣，“毕竟我们都是在广告业混的”。据书中人物的观察，他为了得到自己想要的信息不择手段。他很爽快地把自己的手下交给敌人，即使他在这个员工身上投了不少金钱和时间，但只要能保住自己的利益，他根本不在乎手下的死活。他总能说服别人听从自己的指令，这很可怕。他的意志就像氤氲的雾气，看似无形却无处不在，它包裹住你，虚无缥缈；然后你发现自己不由自主地朝着内心认定的方向走去。他也绝不是普通的营销人员。他的动力来自他想明察一切、控制一切的欲望，但是他什么都要插手的做法并不总能得逞，总有几个人保持一定的独立与诚实正直。

书评人觉得搞清楚贝格德是个什么样的人，是一件十分有趣的事情。1894年英国作家乔治·杜·莫里耶（George Du Maurier）所创作的畅销小说《软帽子》中的大反派就是斯文加利。这部小说在太平洋两岸都炙手可热。虽然作品着重反映的是19世纪50年代巴黎人放荡不羁的生活方式，斯文加利只是在关键部分出现了几次，但他却是这部小说中最令人印象深刻的人物之一，他的名字也成了一类人的统称。小说中的斯文加利是音乐家、催眠师和骗子，脾气古怪又非常好斗。斯文加利给一个年轻女子施了魔法，帮助她成为一名歌手，并在欧洲引起轰动，这个女子一直在他的控制之下，直到斯文加利患病死亡，女子不用再听命于她，但很快她的歌唱事业和她的生命也走到了尽头。现在我们用“斯文加利”这个词来形容通过心理控制的方法支配他人的人，通常被男性使用，控制的对象一般是富有创造力的女性，这么做是为了实现不道德的目的。这个词尤其适用于广告人，因为他们像斯文加利一样，会游说、欺骗。贝格德是典型的“斯文加利”，因为无论女性有多不情愿，多疑心重重，他都能说服对方，而且书中的两位女性都富有想象力和创造力。

除了上文提到的这些人物，在品牌营销的风潮中同样能发现斯文加利的幽灵。它为无处不在、有时让人苦不堪言的宣传体系戴上了一张人皮面具。正如吉布森的三部曲所描述的那样，居心不良的人明修栈道，暗渡陈仓，利益才是他们的最终目的，这很符合斯文加利的特点。广告人抛弃理性思维，转而把感情当作武器，他们扰乱消费者的理性思考，努力调动消费者的潜意识，这跟斯文加利所用的催眠术也很相像。最糟糕的是，这些“斯文加利”本质上是不讲道德的，根本不知广告人的困境为何物。各种形式的欺骗，从谎言到面具，都是为了实现不可告人的目的。2000年上映的喜剧电影《男人百分百》（*What Woman Want*）中梅尔·吉布森所饰演的大男子主义者尼克·马歇尔，则是对广告人欺骗女性消费者的反讽——一个偶然的事故让他获得了洞悉女性想法的读心术，于是他充分利用这项超能力来制作迎合女性的广告，以鼓动女性消费。而由亚当·柯蒂斯执导的严肃庄重的BBC记录片《探求自我的世纪》（*The Century of the Self*）则指出，爱德华·伯奈斯是导致20世纪社会扭曲的原因之一，英美两国的政治与公众生活深受其害。伯奈斯所提出的宣传方法，可以让以商人与政客为主的精英阶层行之有效地将大众催眠，推动消费社会的形成。

伯奈斯与大多数说服者都是反面角色，但贝格德的“斯文加利”身份却有些暧昧不明。三部曲全部出版后，吉布森说：“我一开始只想把他写成一个小角色，但写着写着，故事中的其他角色对他产生了爱恨交加的特殊情愫，我想我也是如此。我并不赞成他看待与理解世界的方式，我怀疑他自己内心也不赞成，但与贝格德共事是件让人开心的事。”在另一次访谈中，记者问吉布森现实世界中有没有贝格德这样的人，“我们现在所生活的社会中，将营销、时尚、科技结合起来以攫取更多利润是主要趋势，仔细观察思考一下，你认为现实中有这样的人物吗？”吉布森的答案是否定的，但他希望现实中有贝格德这样的人，或许在吉布森所虚构的混乱社会中，他们能起到拨乱反正的效果。总的来说，吉布森为读者塑造了一个新型广告人的形象，他与老一辈的创意天才相去甚远，在电子技术的时代，他能在复杂的信息与金融世界中游刃有余。

4. 传染与免疫

广告人掌握了人口的不同特征，针对不同的特征进行营销，结果把美国分裂成了许多相互独立又怀有敌意的集团。谁应该为现下的局面负责，是公众还是广告人？

纪录片《说服者》（*The Persuaders*）的研究对象就是营销行业。《说服者》时长90分钟，全面深入地探究了市场营销对整个社会及国家政治的影响。就在老布什成功连任后一周，这部纪录片播出，一些不满的记者对其中政治报道的反应非常激烈。《说服者》主要为大家展现了社会经济生活中的广告促销，然后探讨了市场营销如何支配着美国的政治领域。片中的受访者谈论了自己对美国公众消费习惯及消费能力的看法，这一次，美国的老百姓仍然被当作物品，而不是被当作人来看待。男性仍然是统治者，十位重量级受访者中只有一位是女性，另外20位受访者中只有三位是女性。

这部纪录片带有一定的偏见，声称广告行业正危害美国的老百姓与美国文化，对此它表现出了深深的担忧。但这部纪录片并没有号召或者呼吁公众进行反抗，因为它的初衷是传播信息，激发讨论。《说服者》指出，在过去的20年中，越来越喧嚣、越来越泛滥的广告宣传，造成了当今社会的“混乱危机”。广告人以为情感能战胜理性，他们再次强调了“弗洛伊德的大脑”这种老观念，就是说一个人的行为是受本我或潜意识控制的。这些言论在诋毁公众——公众不是理性人，也不是经济人，他们不会细心、理智地评估购买或投票能给自己带来怎样的好处。广告人或许会说选择的权利在于个人，但影片中所记录的事实与他们的说法完全相反——消费者与公众一直处于被操控的状态，广告人总想启动“热键”，根本不会考虑消费者有多缺乏理性思维能力。广告人掌握了人口的不同特征，针对不同的特征进行营销，结果把美国分裂成了许多相互独立又怀有敌意的集团。在纪录片的最后，解说者表现得忧虑重重，认为新的市场营销模式对美国造成了极大的威胁。

谁应该为现下的局面负责，是公众还是广告人？这个问题的答案既矛盾，又令人困惑。长久以来，评论家一直认为公众是倒霉的、无辜的，是被隐藏的说服者利用了。但也有人认为，消费者是有责任的——消费者慢慢地对广告产生了免疫，于是广告只能变本加厉，越来越聒噪。

网站上，网友的留言五花八门。我们发现，有些人能从这混乱的世界中找到快感，他们喜欢处理大量广告信息；有些留言者则认同广告人与广告让我们的物质生活更加富足的老观点；有些人并不认为广告会对文化产生巨大影响。有位评论者很坦白地说出了自己的矛盾心理：他订阅了《传播艺术》杂志，因为他的职业是平面设计师，也订阅了《广告克星》杂志，因为他同时也是一个有忧患意识的公民。

虽然大家的看法并不一致，但许多留言者对广告营销厚颜无耻的行径表示愤慨。这些人对混乱危机尤其担忧，这些人是道德主义者，显然也是广告的受害者。他们有理有据地指出广告人是有罪的。首先，他们批评广告让物质生活变得过度富足，过度消费反过来又助长了物质主义，而物质主义啃噬了美国人的灵魂。广告人借助心理学、人类学、社会学等学科的知识来引诱消费者购买不必要的产品，现在产品是地位、财富、权力与时尚的象征，我们已被广告调教得服服帖帖——只有物质产品才能让我们自我感觉良好。这一切太疯狂了。有些道德主义者害怕广告会影响孩子的心灵，认为越来越多的市场营销瞄准了孩子，孩子已经失去了与自然的连接，他们的童年被声势浩大的消费主义所包围，无论是在家、在学校，还是在运动场。

“实际上，纪录片中所讨论的问题都是由华尔街引起的。在商业美国，股价就是一切。它决定了媒体能说什么、不能说什么，甚至决定了美国的方针政策。”大卫·尼尔森（David Nelson）评论道。鲍勃·菲德勒（Bob Fiddler）认为：“越来越先进的市场研究与说服分裂的手段已经把美国大选变成了一场闹剧，现在的大选，就是一群狂热分子掌控了愤世嫉俗的选民。”有位匿名人士指出，美国人还以为自己把选票投给了内心真正支持的人，实际上他们的内心已经被操控了。美国人对很多重大问题的看法趋于两极化，我觉得广告宣传的种种手段难辞其咎。乔治·奥威尔在《1984》中写下了“战争即和平，自由即奴役，无知即力量”，现在人们会说“气候变化”，而不说“全球气候变暖”，这说明老百姓“是按照预设好的方式思考的”。

评论者也批判了广告人，称他们是导致后现代焦虑的罪魁祸首。媒体与广告所形成的恶性循环，把美国文化变成了被假象所统治的封闭体系。就像一个巨大的回音室，人们身陷囹圄却无法逃脱。我们无法打破混乱，因为没人能区分混乱的假象与现实。广告营销的新浪潮破坏了真实性。有位匿名网友哀叹，广告对美国公众的心理健康造成了危害。这样的市场营销不仅没有调动人性中更好的那一面，也没有为公众提供更好的选择，反而助长了邪恶的力量，它们扰乱社会秩序，给人带来严重的心理压力。

此时的道德主义者或许愿意接受传统广告人大肆宣传产品价值或者功效的做法，但诉诸情感的手段损害了消费者理性思维的能力，这是万万不可的。诉诸情感的宣传也被应用到了政治领域，政治可比商业要严肃得多。让老百姓花钱买东西是一回事，但隐藏真相并通过投其所好又别有用心的语言，来影响政治决策者和欺骗选民，是另外一回事。道德主义者认为广告就像传染病，它犯下了重重恶行，比如，搅乱、腐化社会，贬损、侮辱人的价值，他们觉得有些美好的东西缺失了，有些美德被破坏了。道德主义者也清晰、肯定地指出，他们对广告具有免疫力，他们强调自己只关注产品或服务的客观信息，比如，价格、质量和功效，他们决心要保护并净化社会机体与全体民众。也有人拥护理性广告的回归，或者更极端的看法是，美国人应该回归朴素的生活。

道德主义者认为新型市场营销是不正当的，指出广告人力图引诱听话的老百姓，让他们购买更多的产品，或者让他们支持某个候选人，丝毫不考虑道德成本与社会成本。他们直接利用了人的欲望，把容易上当的老百姓变成了精英阶层的工具。有位网友就表示，他一直以为自己是自由的、独立的，结果发现自己的大脑皮层被人用最先进的方法分析研究了个透，他就像一只可怜、蠢笨的蜥蜴，惬意地趴在岩石上沐浴阳光，觉得世界简单而美好。

这段话听上去挺好笑，却反映出广告人如何亵渎、破坏了人最宝贵的东西——自由。消费者并没有什么权力，也没有更多的选择，恰恰相反，消费者已经被调教成了物质主义的奴隶。营销人员的目的是统治民众，而不是解放民众。由此可见，他们担心广告造成的“传染病”不仅会感染社会机体，也会感染全体人民，并且它的影响是不可逆的，会催生出越来越多如行尸走肉般的消费者与公民。

总体而言，留言者对说服者充满了敌意，这说明广告人的困境依然存在，无论广告人辩称他们的目的是多么友善。处于对立面的美国民众认为，广告人骗起人来易如反掌，感情策略尤其有效。于是我们又回到了“罪恶的欺骗者”这个老说法，一个半世纪以前，这个说法出现在对巴纳姆第一部自传的道德批评中。2016年美国大选过后，“后真相政治”这个词应运而生，它是指一些人为了自身利益，无视客观事实，盲目迎合受众的情绪与心理，使用断言、猜测、感觉等表达方式，强化某种特定观点，以攻讦、抹黑对手或博取眼球效应和支持率，感性、偏见战胜了理性、事实与证据。现在回头看，评论者的愤怒是“后真相政治”的前兆。只要谎言和欺骗在一个追求真相的社会中占据着举足轻重的位置，针对广告人的困境与广告人罪行的批评就一定会卷土重来。

5. 新一代广告人

> 在互联网的帮助下，消费者掌握了控制权，他们不仅可以评头论足，嬉笑怒骂，还能就自己喜欢的产品与广告人对话，以前的广告人做梦也没想到会这样。社交媒体正在而且将继续重新定义广告世界。

广告人自己的看法如何？他们怎么看待自己的工作？虽然环境在变，但当今广告人的反应跟老一代广告人的做法如出一辙，为行业辩解与正名的托词与过去相比也大同小异。他们矢口否认自己是无所不能的“斯文加利”，自认为是说服艺术与说服科学领域的高级专业人才。

2006年，数字广告已初具雏形，就在那一年，文化人类学家威廉·M.奥巴尔（William M. O'Barr）对广告人进行了一系列的访谈，主要目的是为有志于广告业的人提供一些帮助。他编写了一份简要的材料，其中包括学术圈、电影行业以及媒体对广告的评价以及辩护。2005年盖洛普展开了一次民意测验，调查了美国公众对不同行业从业者的诚实度与道德水平的看法，并依据结果进行行业排名，奥巴尔的材料中也包含了这次民调的结果。排在最后的正是广告人，排在广告人前面的是汽车销售与电话销售，他们的工作都是推销产品，就连在美国老百姓眼里经常说谎的律师、劳工领袖、商人，也比广告人的排名要靠前。

奥巴尔所访谈的广告人具有相当的代表性。我还是要用两部回忆录来对他们的观点进行补充，或者说作为参照，它们的作者一位是广告业的变节者，一位是广告从业者，他们也出版过其他作品。奥古斯丁·巴勒斯（Augusten Burroughs）的《深度郁闷》（*Dry*）是一本回忆自己如何与酗酒恶习抗争的畅销之作。巴勒斯称自己在20世纪八九十年代是个成功的广告文案，曾经供职于奥美广告、萨奇广告与恒美广告等广告公司。书中非常细致地描述了他的工作、行为与“丑化”广告的态度，诙谐幽默，观点鲜明，又有些愤世嫉俗，吸引了很多读者，所以成功是意料之中的。理查德·克什鲍姆（Richard Kirshenbaum）的《广告狂人》（*Mad Boy*）为我们刻画了一位事业有成的广告创意兼广告经理的形象。与《深度郁闷》不同的是，《广告狂人》肯定了广告人职业与广告行业的积极作用，把广告描绘成创意的力量。克什鲍姆在书中把自己塑造成特立独行的创新者，这么做也不无道理，因为他是20世纪90年代与21世纪初新广告潮流的领军人物，他不断地开拓广告的新领地，开创了许多广告业之先河，比如，街头喷墨广告和在水果包装上做广告，他的观点很有启发意义。

盖洛普民调显示，广告业是如此声名狼藉，但奥巴尔的访谈对象对此却表现出一种听之任之的态度。多数人似乎已经习惯了公众对广告的蔑视，他们认为这是好莱坞（“广告人都是坏家伙”的刻板印象正是来自好莱坞电影）的责任，或者是新广告浪潮造成的恶果，也可能是历史遗留问题。“骗子与不诚信的同行所留下的阴影仍然没有消散”，这是广告人常用的借口。很多广告太具煽动性，喜欢穷追猛打，让人非常反感，让消费者感觉自己的私人空间受到侵犯。

看起来声势浩大的市场营销让广告占据了越来越多的空间，可实际上广告公司的客户不过把普通的广告人看作为自己效力的高级技术工，而不是评论家或者普通老百姓眼中无所不能的“巫师”。对此受访者并没有过多回应，他们都认为好莱坞对广告及广告人的刻画并不公正，过度突出了广告的迷惑力，这与广告人的权力不能画等号。“我们不能对客户指手画脚，指挥他们怎么做生意，我们可以给客户提建议，可要是不能帮他们挣到钱，他们就会弃我们而去，另觅出路。”克什鲍姆发现了广告人新的局限性，他反思了广告及广告人在资本世界新霸主眼中的地位，然后指出了问题。在20世纪五六十年代，广告人或许还算是成功的关键因素，但那个时代已经一去不复返。

在这种环境中，大部分金融界人士看不起创意人士，甚至不屑一顾。他们不懂创意，也不懂广告，除非广告像好莱坞大片一样有帅哥美女，他们以为创作广告就跟玩儿票一样，他们会说："我多希望我的工作跟你的一样好玩。"或者说，"我们天天都要累死了，看看你们多自在。"这句话的潜台词是："我可是靠真本事干实事挣钱，但我太羡慕你的工作了，我也想整天跟帅哥美女泡在一起。"

受访者认为，这些年来新闻界的责难与好莱坞不合实际的想象所带来的恶果，就是让社会性对话中弥漫着对广告人的错误看法。广告公司里忙忙碌碌的员工其实非常聪明、能干，解决问题干净、利落。他们的工作并不简单，甚至可以说是艰难，强度很大，总是令人振奋，更多地需要同事之间的合作而非互相竞争，最重要的是很有趣。广告人的工作是有趣的，这个观点也贯穿在克什鲍姆的回忆录中。而巴勒斯则说广告几乎耗尽了自己的热情（他在访谈中提到了职业倦怠，书中并未直接提及），日复一日做着一样的事情让他无比厌倦，他痛恨与客户打交道，他说广告就像粘在鞋子上刮也刮不掉的狗屎。

巴勒斯对客户的评价凸显出一个纠缠了广告人很久的问题：

没有自主权。克什鲍姆说到每次比稿要花掉他很多钱时火冒三丈，可只有这样才能留住重要客户，而建筑师与室内设计师就没有这种烦恼。虽然抱怨颇多，克什鲍姆对客户又不吝溢美之词，以至到了近乎谄媚的地步。广告终归是为客户提供服务的行业。克什鲍姆也表现出了同样的担心。受访者对此问题的回应都比较圆滑，但他们有时也会表达对客户的看法，从中我们可以窥探出他们基本上都服从于客户的权威，哪怕对方的判断是错误的。

巴勒斯认为广告与欺骗和操控总是捆绑的。他开门见山地告诉读者，有时候广告人不得不把垃圾产品吹捧得天花乱坠，吹捧成优质生活的必需品，不过这种情况比较极端，“广告让一切产品看起来更美好。所以广告业是最适合我的职业，它让人们产生虚假的预期，而这是我最擅长的，很少有人能像我这样。”他写道。读者从《深度郁闷》中能清晰地观察到巴勒斯所经受的广告人的困境。他19岁就进入广告业，文化程度并不高，又是个初出茅庐的新手，却信心满满。最开始广告文案的工作既让他激动兴奋，又给他带来了大笔的金钱与光环，但这一切慢慢显得浅薄庸俗，他有一种虚无感——这反映出他陷入了说谎者的困境。“什么都不能满足我，我永远都不知足，就好像内心有一个总是填不满的空洞。我出了些问题。”他试图让自己解脱，于是一醉解千愁。最后他发现写作能更好地帮助他摆脱恶魔，并且相比于自己的本职工作广告，他的写作能力更为出色。《深度郁闷》是一个广告业变节者的故事。

巴勒斯在书中暗示我们，广告是腐败的力量，但他并没有直接面对这个问题，即《深度郁闷》是一部个人回忆录，而不是社会评论。克什鲍姆对自己所引领的广告热潮带来的负面效应同样避而不谈。他们或许承认广告业的确有不当之处，比如，向儿童行销，特别是把价格不菲的运动鞋推销给贫民区的孩子。有人抗议，说广告充其量不过是种“软性力量”，它最多能对有意向的消费者产生影响，根本无法说服消费者购买自己不想要的产品；还说广告的确能推动经济发展——广告是工业生产业的引擎，而鼓励过度消费的罪魁祸首是部分企业，挥霍无度等问题的始作俑者是弥漫于美国社会的物质主义。“伟大的广告是一面镜子。它能映照出社会与文化。社会价值观是非常宽泛的概念，价值观出了问题岂会是广告的错？”

这些广告人在辩护中添加了新元素——广告人与消费者之间的沟通越来越多，互联网时代，这种交互主要通过互联网实现，特别是社交媒体。克什鲍姆在《广告狂人》中为两方的交互提供了最明显的例证。他吹嘘自己是通过社交媒体做广告、推广品牌的先驱人物。他还畅想了未来的营销模式，称在互联网的帮助下，消费者掌握了控制权，他们不仅可以评头论足、嬉笑怒骂，还能就自己喜欢的产品与广告人对话，以前的广告人做梦也没想到会这样。社交媒体正在而且将继续重新定义广告世界。